# 리시앙 理想 중국어 작문 I 문법편

이영 지음

대학 중국어 초·중급 단계
문법&작문 필수 교재

- 중국어 실력 점프를 위한 문법&작문을 한방에
- 문법 공부의 완성은 작문이다.

신아사

**이영**

중국 흑룡강대학교 동방언어학부 한국어 전공 졸업
서울대학교 대학원 한·중 문법 비교 전공 석사
고려대학교 대학원 한·중 문법 비교 전공 박사
현 서울신학대학교 중국어과 교수

저서
『한번에 통하는 스타트 중국어』(공저)
『여행 중국어』

# 리시앙 중국어 작문 I

## 문법편

초판 1쇄 발행 _ 2016년 11월 30일

**저 자** · 이 영
**발행인** · 정 현 걸
**발 행** · 신 아 사
**인 쇄** · 토탈프로세스
**주 소** · 서울특별시 은평구 통일로 59길 4 (2층)
**전 화** · (02) 382-6411 팩스 · (02) 382-6401
**홈페이지** · www.shinasa.co.kr
E-mail · shinasa@daum.net
**출판등록** · 1956년 1월 5일 (제 9-52호)

ISBN : 978-89-8396-960-6 (93720)

**정가 15,000원**

이 저서는 2016년도 서울신학대학교 교내학술연구비 지원에 의한 저서임.

# 머리말

이 책은 대학교 중국어과 2학년 학생을 위해 만든 문법&작문 교재입니다. 대학교 1학년 학생들은 중국어 전공 수업을 대략 100시간을 이수했기 때문에 2학년이 되면 초급 수준을 넘고 중급 수준으로 올라가려고 하는 단계입니다. 이 단계에서 학생들이 일반적으로 쉬운 회화를 구사할 수 있지만 문법에 맞게 작문하기는 아직 어렵습니다. 이 교재는 초·중급 단계에서 꼭 알아야 하는 문법을 체계적으로 정리하고 연습 활동을 통해서 문법에 맞춰서 작문할 수 있게 도와주는 책입니다.

이 교재는 중국어를 독학하시는 분, 중국 유학 준비하고 계신 분들이 꼭 필요로 하는 문법 교재이자 작문 교재 입니다. 초급 단계를 벗어나려고 할쯤에 아직 어학개론이나 문법책을 읽기 어렵고 문법에 맞춰 작문하고 싶은데 실력이 달리는 학습자들이 이 교재를 통해서 헷갈리기 쉬운 문법을 체계 있게 공부하여 실력을 한 단계 향상시킬 수 있습니다. 중·고급단계의 학습자도 이 교재를 통해서 기초를 탄탄히 다질 수 있을 것입니다.

본 교재의 특징은 다음과 같습니다.

### 1. 분산되게 배운 문법들, 헷갈리기 쉬운 문법들을 한꺼번에 자세히 정리

초급 단계에서 분산되게 배운 문법들을 한꺼번에 정리하고 의미가 비슷하고 헷갈리기 쉬운 문법들을 같은 과에서 다루고 각 문법들의 차이점을 명확하게 제시하고 있는 교재입니다. 학생들이 각각의 문법들과 그들 간의 차이점을 익히고 스스로 문장을 만들 수 있게 도와주는 교재입니다.

### 2. HSK4급~5급 수준의 단어 사용

작문하려면 충분한 단어를 모르면 불가능합니다. 본 교재에서 HSK4급~5급 수준의 단어를 약 2000개 정도 다루고 있습니다. 단어장을 보면서 단어를 외우는 것이 절대 외워지지 않거나 외워져도 금방 잊어버리는 것을 누구나 다 경험해 봤을 겁니다. 본 교재를 통하여 작문하는 과정과 문맥 속에서 자연스럽게 많은 단어를 외우고 익힐 수 있게 될 것입니다.

### 3. 연습 문제를 통한 충분한 작문 연습

문법을 익히려면 많은 작문 연습이 필요합니다. 문법을 익혀야만 자유롭게 문장을 구사할 수 있기 때문입니다. 본 교재는 한 과에 50문제, 한 문법 항목에 적어도 10문제씩 작문연습이 구성돼 있습니다. 충분한 연습 과정을 통해서 문법을 정확하게 익히고 자유롭게 문장을 구사 할 수 있을 것입니다.

2016년 11월

저자 이영

# 목 차


第1课 중국어의 어순 ········· 7

동사술어문의 어순 / 동사술어문의 부정 / 형용사술어문의 어순과 부정
"是"자문의 어순과 부정 / 명사술어문의 어순과 부정 / 주술술어문의 어순과 부정

第2课 대명사 ········· 23

인칭대명사 / 지시대명사 / 의문대명사 / 특수대명사

第3课 조사 "了" ········· 41

동태조사 了 / 어기조사 了

第4课 특수 동사 ········· 55

이합동사 / 이중목적어를 동반하는 동사
동사 在 / 동사 有

第5课 연동문 ········· 71

연동문 / 특수 연동문 / 동사의 중첩

第6课 동작의 진행과 상태의 지속 ········· 85

동작의 진행 / 상태의 지속 / 형용사의 중첩

第7课 조동사 ········· 101

조동사의 위치 / 조동사 要 / 조동사 想 / 조동사 能 / 조동사 可以
조동사 会 / 조동사 应该 / 조동사 得

第8课 정도보어 ········ 117
정도보어 / 사역문

第9课 결과보어 ········ 131
결과보어

第10课 "把" 자구 ········ 145
"把" 자구

第11课 방향보어 ········ 159
방향보어

第12课 가능보어 ········ 175
가능보어1 / 가능보어2 / 피동문

第13课 시량보어, 동량보어, 수량보어 ········ 189
시량보어 / 동량보어 / 수량보어

第14课 비교문 ········ 203
"比"를 사용한 비교문 / 동등 비교문 / 비교문의 부정

* 해설과 정답 / 217

第1课

# 중국어의 어순

## 학습내용

동사술어문의 어순
동사술어문의 부정
형용사술어문의 어순과 부정
"是" 자문의 어순과 부정
명사술어문의 어순과 부정
주술술어문의 어순과 부정

# 生词 I

| | | | |
|---|---|---|---|
| ☐ 头发 | tóufà | 명 | 머리카락 |
| ☐ 下雨 | xiàyǔ | 동 | 비가 내리다 |
| ☐ 件 | jiàn | 양 | 벌(옷을 세는 단위) |
| ☐ 衣服 | yīfu | 명 | 옷 |
| ☐ 北京 | běijīng | 고 | 베이징 |
| ☐ 苹果 | píngguǒ | 명 | 사과 |
| ☐ 些 | xiē | 양 | 약간 |
| ☐ 身体 | shēntǐ | 명 | 건강, 몸 |
| ☐ 个子 | gèzi | 명 | 키 |
| ☐ 眼睛 | yǎnjing | 명 | 눈 |
| ☐ 孩子 | háizi | 명 | 아이 |
| ☐ 睡觉 | shuìjiào | 동 | 잠을 자다 |
| ☐ 上班 | shàngbān | 동 | 출근하다 |
| ☐ 暖和 | nuǎnhuo | 형 | 따뜻하다 |
| ☐ 香蕉 | xiāngjiāo | 명 | 바나나 |
| ☐ 公园 | gōngyuán | 명 | 공원 |
| ☐ 腿 | tuǐ | 명 | 다리 |
| ☐ 味道 | wèidao | 명 | 맛 |
| ☐ 苦 | kǔ | 형 | 쓰다 |
| ☐ 大酱汤 | dàjiàngtāng | 명 | 된장찌개 |
| ☐ 上海 | Shànghǎi | 고 | 상하이(지명) |
| ☐ 性格 | xìnggé | 명 | 성격 |

| | | |
|---|---|---|
| □■年龄 | niánlíng | 명 나이 |
| □■暴躁 | bàozào | 형 (성격이) 급하다, 쉽게 화를 내다 |
| □■美国 | Měiguó | 고 미국 |
| □■面积 | miànjī | 명 면적 |
| □■饺子 | jiǎozi | 명 만두 |
| □■桔子 | júzi | 명 귤 |
| □■亲切 | qīnqiè | 형 친절하다 |
| □■国际 | guójì | 명 국제 |
| □■百货商店 | bǎihuòshāngdiàn | 명 백화점 |
| □■北韩 | Běihán | 고 북한 |
| □■电影 | diànyǐng | 명 영화 |
| □■录像 | lùxiàng | 명 비디오 |
| □■物价 | wùjià | 명 물가 |
| □■便宜 | piányi | 형 싸다 |
| □■差 | chà | 동 부족하다, 모자라다 |
| □■马上 | mǎshàng | 부 곧, 즉시, 바로 |
| □■俄罗斯 | Éluósī | 고 러시아 |
| □■酒店 | jiǔdiàn | 명 호텔 |
| □■服务 | fúwù | 명 서비스 |
| □■疼 | téng | 형 아프다 |
| □■肚子 | dùzi | 명 배 |

# 试试看

1 나는 TV를 보는 것을 좋아해요.

→ ______________________________

2 어제 나는 밥을 먹지 않았어요.

→ ______________________________

3 내 남자친구는 멋있지 않아요.

→ ______________________________

4 이 책은 내 것입니다.

→ ______________________________

5 오늘은 5월 14일이에요.

→ ______________________________

6 내 여자 친구는 머리가 길어요.

→ ______________________________

# 语法说明

## 1 동사술어문의 어순

술어가 동사로 되는 문장을 동사술어문이라고 한다. 동사가 자동사일 경우는 목적어를 붙이지 않고 동사가 타동사일 경우는 목적어를 붙인다. 동사술어문의 어순은 아래와 같다.

**주어 + 동사 + (목적어)**

我知道。

我买衣服。

我喜欢看电视。

我知道明天下雨。

## 2 동사술어문의 부정

동사술어문의 부정은 동사 앞에 부정 부사를 붙이다. 중국어에서 부정 부사는 "不"나 "没"가 있다. "不"는 현재에 일어나는 상황이나 미래에 일어날 상황에서 쓰이며, "没"는 과거에 일어난 상황에서 쓰인다.

昨天我没吃饭。

明天我不吃饭。

A: 我们去吃饭吧!

B: 我不去。

## 3 형용사술어문의 어순과 부정

술어가 형용사로 되는 문장을 형용사술어문이라고 한다. 형용사술어문에 정도 부사를 같이 쓰는 경우가 많다. 어순은 아래와 같다.

주어 + (부사) + 형용사

房间大。

她漂亮。

汉语很简单。

你男朋友挺帅的。

형용사술어문의 부정은 형용사 앞에 부정 부사 "不"를 붙인다.

人不多。

她不漂亮。

这本书不难。

你男朋友不帅。

## 4 "是" 자문의 어순과 부정

술어가 동사 "是"로 되는 문장을 "是" 자문이라고 한다. "是" 자문의 어순은 아래와 같다.

주어 + 是 + 명사 / 명사구

我是中国人。

他是我的爸爸。

这本书是我的。

这件衣服是我最喜欢的衣服。

"是" 자문의 부정은 "是" 앞에 부정 부사 "不"를 붙인다.

我不是中国人。

他不是我的爸爸。

这本书不是我的。

这件衣服不是我最喜欢的衣服。

## 5 명사술어문의 어순과 부정

술어가 명사로 되는 문장을 명사술어문이라고 한다. 명사술어문은 "是" 자문의 동사 "是"가 생략된 문장이다. 명사술어문이 성립되는 경우는 목적어가 숫자(가격, 시간, 요일, 나이 등)나 사람의 국적과 출생지로 구성되어야 한다. 어순은 아래와 같다.

**주어** + **명사**

现在7点50。

今天5月14号。

这些苹果10块钱。

我北京人。

他韩国人。

명사술어문의 부정은 명사 앞에 부정 부사 "不"와 동사 "是"를 붙인다.

现在不是7点50。

今天不是5月14号。

这些苹果不是10块钱。

我不是北京人。

他不是韩国人。

## 6 · 주술술어문의 어순과 부정

문장의 술어가 다시 "주어+술어"로 되는 문장을 주술술어문이라고 한다. 주술술어문의 어순은 아래와 같다.

**주어** + **술어(주어+술어)**

我爸爸身体很好。

我男朋友个子很高。

她眼睛很大。

我女朋友头发很长。

주술술어문의 부정은 부정 부사 "不"를 사용한다. 어순은 아래와 같다.

**주어** + **주어(주어+不+술어)**

我爸爸身体不好。

我男朋友个子不高。

她眼睛不大。

我女朋友头发不长。

연습문제 练习

# 1 기초작문

## ❊ 동사술어문의 어순과 부정

(1) 아이가 아침밥을 먹어요.

➜ ______________________________

(2) 나는 커피를 마셔요.

➜ ______________________________

(3) 나는 차를 마시는 것을 좋아해요.

➜ ______________________________

(4) 나는 어제 잠을 자지 않았어요.

➜ ______________________________

(5) 우리 아버지는 내일 출근하지 않아요.

➜ ______________________________

## ❊ 형용사술어문의 어순과 부정

(6) 우리 딸은 귀여워요.

➜ ______________________________

(7) 날씨가 따뜻해요.

➜ ______________________________

(8) 바나나가 비싸지 않아요.

➜ ______________________________

(9) 빵이 맛있지 않아요.

➜ ______________________________

## ※ "是" 자문의 어순과 부정

(10) 나는 중국인이 아니라 한국인입니다.

➜ ______________________________

(11) 우리 아버지는 회사원입니다.

➜ ______________________________

(12) 여기는 공원이 아닙니다.

➜ ______________________________

## ※ 명사술어문의 어순과 부정

(13) 오늘은 수요일입니다.

➜ ______________________________

(14) 이 옷은 120위엔입니다.

➜ ______________________________

(15) 지금 5시 5분입니다.

➜ ______________________________

(16) 나는 22살이 아닙니다.

➜ ______________________________

(17) 우리 아들의 생일은 12월 21일이 아니에요.

➜ ______________________________

※ 주술술어문의 어순과 부정

(18) 우리 남동생은 다리가 길어요.

➜ ______________________________

(19) 커피는 맛이 써요.

➜ ______________________________

(20) 된장찌개는 맛이 안 좋아요.

➜ ______________________________

## 2 부정문으로 바꾸기

(1) 我爷爷75岁。

➜ ______________________________

(2) 他上海人。

➜ ______________________________

(3) 我妈妈性格很暴燥。

➜ ______________________________

(4) 姐姐昨天去学校了。

➜ ______________________________

(5) 妈妈去年去美国了。

➜ ______________________________

## 3 틀린 문장을 고치기

(1) 我昨天不吃饭。

➜ ______________________________

(2) 明天不星期五。

➜ ______________________________

(3) 这本书不72块钱。

➜ ______________________________

(4) 我妈妈不眼睛大。

➜ ______________________________

(5) 韩国不面积大。

➜ ______________________________

## 4 심화작문

(1) 나는 중국 만두를 자주 먹어요.

➜ ______________________________

(2) 나는 어제 귤을 사지 않았어요.

➜

(3) 우리 어머니는 매우 친절해요.

➜

(4) 우리 아버지는 건강이 좋아요.

➜

(5) 그 공원은 사람이 많아요.

➜

(6) 이 학교는 국제학교입니다.

➜

(7) 백화점은 옷이 비싸요.

➜

(8) 우리 반의 학생은 모두 21살입니다.

➜

(9) 이 가게의 물건은 모두 10위엔입니다.

➜

(10) 우리 할아버지는 북한 사람입니다.

➜

(11) 우리는 영화를 보지 않고 비디오를 봤어요.

➜

(12) 나는 미국에 가지 않고 중국에 갔어요.

→

(13) 한국 물가는 비싸지 않고 싸요.

→

(14) 나의 생일은 5월 13일이 아니고 5월 14일입니다.

→

(15) 지금 10시 1분 전이에요. 수업을 곧 시작하려고 합니다.

→

(16) 이 가방은 900원이에요. 너무 비싸요.

→

(17) 러시아 사람은 다리가 길어요.

→

(18) 호텔은 서비스가 좋아요.

→

(19) 나는 머리 아프고 배도 아파요.

→

(20) 그 아이는 나이가 어려요.

→

MEMO

# 第2课

# 대명사

## 학습내용

- 인칭대명사
- 지시대명사
- 의문대명사
- 특수대명사

# 生词 I

| | | | |
|---|---|---|---|
| 只 | zhī | 양 | 마리 |
| 猫 | māo | 명 | 고양이 |
| 都 | dōu | 부 | 다, 모두 |
| 该 | gāi | 조 | ~해야 하다 |
| 出发 | chūfā | 동 | 출발하다 |
| 鹿 | lù | 명 | 사슴 |
| 手机 | shǒujī | 명 | 휴대폰, 핸드폰 |
| 词典 | cídiǎn | 명 | 사전 |
| 丈夫 | zhàngfu | 명 | 남편 |
| 预订 | yùdìng | 명 | 예약하다 |
| 飞机票 | fēijīpiào | | 비행기 표 |
| 开学 | kāixué | 동 | 개학하다 |
| 什么样 | shénmeyàng | 대 | 어떠한, 어떤 모양 |
| 女生 | nǚshēng | 명 | 여학생 |
| 老虎 | lǎohǔ | 명 | 호랑이 |
| 冰淇淋 | bīngqílín | 명 | 아이스크림 |
| 场 | chǎng | 양 | (영화의) 편 |
| 电影 | diànyǐng | 명 | 영화 |
| 哭 | kū | 동 | 울다 |
| 广州 | Guǎngzhōu | 고 | 광주 |
| 名牌 | míngpái | 명 | 명품 |
| 卖 | mài | 동 | 팔다 |

| | | | |
|---|---|---|---|
| □■蛋糕 | dàn'gāo | 명 | 케이크 |
| □■脏 | zāng | 형 | 더럽다 |
| □■洗澡 | xǐzǎo | 동 | 샤워하다, 목욕하다 |
| □■才 | cái | 부 | 겨우, 고작, 비로서 |
| □■当 | dāng | 동 | 담당하다, 맡다 |
| □■护士 | hùshì | 명 | 간호사 |
| □■人口 | rénkǒu | 명 | 인구 |
| □■已经 | yǐjing | 부 | 이미, 벌써 |
| □■别 | bié | 부 | ~하지 마라 |
| □■之间 | zhījiān | 명 | (…의) 사이, 지간 |
| □■秘密 | mìmì | 명 | 비밀 |
| □■游泳 | yóuyǒng | 동 | 수영하다 명 수영 |
| □■饿 | è | 형 | (배가) 고프다 |
| □■那么 | nàme | 접 | 그러면 |
| □■每 | měi | 대 | 매, 각, ~마다 |
| □■某 | mǒu | 대 | 어느, 모 |
| □■巧克力 | qiǎokèlì | 명 | 초코렛 |
| □■糖 | táng | 명 | 사탕 |
| □■化妆品 | huàzhuāngpǐn | 명 | 화장품 |
| □■招聘 | zhāopìn | 동 | 모집하다 |
| □■员工 | yuángōng | 명 | 직원 |
| □■爱上 | àishàng | 동 | 사랑하게 되다 |

# 试试看

1 이 책은 중국어 책이에요.

➜ ______________________________

2 그 세 사람은 다 한국인이에요.

➜ ______________________________

3 그는 고양이예요.

➜ ______________________________

4 당신은 어떤 옷을 좋아해요?

➜ ______________________________

5 벌써 12시예요. 우리가 출발해야겠어요.

➜ ______________________________

6 그는 어떤 여학생을 좋아해요.

➜ ______________________________

# 语法说明

## 1 인칭대명사

| 1인칭 | | 2인칭 | | 3인칭 | |
|---|---|---|---|---|---|
| 단수 | 복수 | 단수 | 복수 | 단수 | 복수 |
| 我(나)<br>咱(나) | 我们(우리)<br>咱们(우리) | 你(너, 당신)<br>您(你의 존칭) | 你们(너희들)<br>您们(당신들) | 他(그)<br>她(그녀)<br>它(그) | 他们(그들)<br>她们(그녀들)<br>它们(그들) |

(1) 咱们과 我们의 차이점

咱们 : 화자와 청자를 다 포함한 "우리"

我们 : ① 청자를 포함하지 않고 화자와 화자 측의 사람들만을 가리키는 "우리"

② 화자와 청자를 다 포함한 "우리"

都12点了，咱们/我们去吃饭吧。(화자와 청자를 다 포함함.)

都12点了，我们该出发了。(청자를 포함하지 않음.)

有时间，咱们/我们见面吧。(화자와 청자의 만남.)

你有事的话，我们先走了。(청자를 포함하지 않음.)

(2) 它는 동물, 사물을 가리킨다.

它是一只小猫。

它不是小鹿。

事情已经过去了，不想再想它了。

这是我的手机，我不能没有它。

## 2 지시대명사

| 대상 | 근칭 | 원칭 |
|---|---|---|
| 사람과 사물 | 这(이, 이것) | 那(저, 저것, 그, 그것) |
| 장소 | 这儿(여기)<br>这里(여기) | 那儿(저기, 거기)<br>那里(저기, 거기) |

(1) 사람과 사물을 가리키는 지시대명사 : 这, 那

这是我的书包。

那是他的爸爸。

지사대명사 뒤에 명사가 나오는 경우는 지사대명사와 명사 사이에 양사나 수량사를 써야 한다.

这本书是汉语书。

那个人是我的男朋友。

这两本词典都是我的。

那三个人都是韩国人。

(2) 장소를 가리키는 지시대명사 : 这儿, 那儿, 这里, 那里

这儿有很多花。

我不去那儿。

这里是中国。

那里是什么地方?

## 3 · 의문대명사[1]

의문대명사는 사람 · 사물 · 장소 · 시간 · 수량 · 이유 · 방식 · 성질 등의 여러 부분에 대해서 질문할 수 있다.

| 구 분 | 의문대명사 |
|---|---|
| 사람과 사물 | 谁(누구)、什么(무엇)、什么(어떤/무슨)、哪(어느)、<br>什么样(어떤 모양, 어떠한) |
| 시간과 장소 | 什么时候(언제)、哪儿(어디)、哪里(어디)、什么地方(어느 곳) |
| 수량 | 几(몇)、多少(얼마) |
| 방식과 성질 | 怎么(어떻게)、怎样(어떻게)、怎么样(어때)、怎样(어때) |
| 이유 | 为什么(왜) |

(1) 사람과 사물을 묻는 의문대명사

谁 : 누구

谁是你的丈夫?

你的老师是谁?

1 刘月华 · 潘文娱 외(2001), <实用现代汉语语法>, p.91, 참조.

什么 : 무엇

今天中午你想吃什么?

你昨天买什么了?

什么 : 어떤 / 무슨

你喜欢什么电影?

你想吃什么饺子?

什么样 : 어떤 모양, 어떠한

你喜欢什么样的衣服?

你男朋友是什么样的人?

哪 : 어느

你是哪国人?

你买哪本书?

(2) 시간과 장소를 묻는 의문대명사

什么时候 : 언제

下次我们什么时候见面?

你什么时候毕业?

哪儿 : 어디

你去哪儿?

你中午在哪儿吃饭?

哪里 : 어디

你去哪里?

哪里是我的家?

什么地方 : 어느 곳

你家在什么地方?

他从什么地方来?

(3) 수량을 묻는 의문대명사

几 : 몇, 10 이하의 숫자에 대한 질문

这个孩子几岁?

今天星期几?

多少 : 얼마, 10 이상의 숫자에 대한 질문

这件衣服多少钱?

你们班有多少名学生?

### (4) 방식과 성질을 묻는 의문대명사

怎么 : 어떻게

我怎么坐车?

你怎么不认识我呢?

怎样 : 어떻게

我怎样预订飞机票?

这本书应该怎样买?

怎么样 : 어때

最近你奶奶的身体怎么样?

明天天气怎么样?

怎样 : 어때

最近你奶奶的身体怎样?

明天天气怎样?

### (5) 이유를 묻는 의문대명사

为什么 : 왜

你为什么没来?

你为什么没写作业?

## 4 특수대명사

### (1) 每

"每"는 어떤 범위 내의 모든 사람과 사물을 가리키며[2] 우리말로 "매, 각, …마다, 모든"라는 뜻이다. 의미상으로 부사 "都"와 함께 쓴다. "每" 뒤에 명사가 나오는 경우는 "每"와 명사의 사이에 양사나 수량사를 써야 한다.

我们班每个人都是韩国人。

每一个菜都很好吃。

每个学校都开学了。

每两个孩子吃一个苹果。

### (2) 某

"某"는 말할 필요가 없거나 말하기 싫은 사람과 사물을 가리키며 우리말로 "모, 어느"라는 뜻이다. 명사 앞에 바로 쓸 수도 있고 명사와의 사이에 양사나 수량사를 쓸 수도 있다.

某个学生想买飞机票。

我在某大学上学。

他很喜欢某女生。

他在某个地方生活。

2 刘月华 · 潘文娱 외(2001), <实用现代汉语语法>, p.109, 참조.

연습문제 练习

# 1 기초작문

## ❊ 인칭대명사

(1) 그녀는 당신의 여동생입니까?

➜ ______

(2) 내일 나는 학교에 갑니다.

➜ ______

(3) 우리 같이 공원에 가자.

➜ ______

(4) 당신은 공부하세요. 우리는 집에 갈게요.

➜ ______

(5) 그는 호랑이예요.

➜ ______

## ❊ 지시대명사

(6) 그 사람은 당신의 남동생입니까?

➜ ______

(7) 이 가방은 누구 것입니까?

➜ ______

(8) 여기는 우리 학교입니다.

➜ ______________________________

(9) 거기는 우리 집이 아니에요.

➜ ______________________________

(10) 당신의 여동생은 거기에 있어요.

➜ ______________________________

## ※ 의문대명사

(11) 당신은 무슨 아이스크림을 좋아합니까?

➜ ______________________________

(12) 너희 학교에 학생이 얼마나 있습니까?

➜ ______________________________

(13) 당신은 매일 어디서 밥을 먹어요?

➜ ______________________________

(14) 그 영화는 어떻습니까?

➜ ______________________________

(15) 그는 어떤 사람입니까?

➜ ______________________________

(16) 당신은 왜 울어요?

➜ ______________________________

연습문제

# 练习

※ 특수대명사

(17) 나는 당신을 매일 보고 싶어요.

➜ ____________________

(18) 어떤 학생은 숙제를 안 했어요.

➜ ____________________

(19) 매 30분에 10위엔을 받아요.

➜ ____________________

(20) 나는 모 대학교에서 공부해요.

➜ ____________________

## 2 의문대명사를 이용하여 밑줄 친 부분에 대해 질문하기

(1) 今天是3月1号。

➜ ____________________

(2) 我是上海人。

➜ ____________________

(3) 我们公司有800名职员。

➜ ____________________

(4) 这是我邻居家的孩子。

➜ ____________________

(5) 我喜欢休闲的衣服。

➜ ______________________________

## 3 틀린 문장을 고치기

(1) 这书是谁的?

➜ ______________________________

(2) 你家有多少个房间?

➜ ______________________________

(3) 你们学校有几个学生?

➜ ______________________________

(4) 每糖都是我的。

➜ ______________________________

(5) 那人很帅。

➜ ______________________________

## 4 심화작문

(1) 저 옷은 명품입니까?

➜ ______________________________

(2) 당신 어머니의 성격은 어떻습니까?

➜ ______________________________

(3) 당신은 왜 나를 안 좋아합니까?

➜ ______________________________

(4) 당신의 집에 아이가 몇 명입니까?

➜ ______________________________

(5) 여기는 케이크를 팔아요.

➜ ______________________________

(6) 이 두 아이는 아주 열심히 공부해요.

➜ ______________________________

(7) 이 강아지는 더러워요. 나는 그를 목욕시키려고 해요

➜ ______________________________

(8) 어느 식당에서 중국 요리를 먹을 수 있어요?

➜ ______________________________

(9) 내가 어떻게 해야 비로소 간호사가 될 수 있어요?

➜ ______________________________

(10) 한국인이 어떻게 한국을 안 좋아할 수 있겠습니까?

➜ ______________________________

(11) 한국 인구는 얼마입니까?

➜ ______________________________

(12) 강아지가 이미 가버렸어요. 그를 더 이상 생각하지 마세요.

➜ ______________________________

(13) 당신들 사이에 비밀이 몇 개 있어요?

➜ ______________________________

(14) 당신은 어디서 수영을 배웁니까?

➜ ______________________________

(15) 벌써 토요일이에요. 우리 빨리 비행기 표를 예약해요.

➜ ______________________________

(16) 당신은 배 안 고프죠! 그럼 우리 먼저 밥 먹을게요.

➜ ______________________________

(17) 사람마다 성격이 다 달라요.

➜ ______________________________

(18) 모든 아이들은 다 초콜릿과 사탕을 좋아해요.

➜ ______________________________

(19) 모 화장품 회사에서는 직원을 모집해요.

➜ ______________________________

(20) 5월의 어느 날에 나는 그녀를 사랑하게 되었어요.

➜ ______________________________

MEMO

# 第3课

# 조사 "了"

### 학습내용

동태조사 了
어기조사 了

## 生词 I

| | | |
|---|---|---|
| 已经 | yǐjing | 부 이미, 벌써 |
| 碗 | wǎn | 명 그릇 양 그릇 |
| 市场 | shìchǎng | 명 시장 |
| 新 | xīn | 형 새롭다 부 새로이 |
| 家 | jiā | 양 가게(식당 등)를 세는 양사 |
| 小时候 | xiǎoshíhou | 명 어린 시절 |
| 总 | zǒng | 부 늘 |
| 春天 | chūntiān | 명 봄 |
| 涨价 | zhǎngjià | 동 가격이 오르다 |
| 草 | cǎo | 명 풀 |
| 发芽 | fāyá | 동 싹이 트다 |
| 该 | gāi | 조 ~해야 하다 |
| 快 | kuài | 부 금방 |
| 关门 | guānmén | 동 문을 닫다 |
| 开会 | kāihuì | 동 회의하다 |
| 鞋 | xié | 명 신발 |
| 双 | shuāng | 양 켤레 |
| 糖醋里脊 | tángcùlǐjǐ | 명 탕수육 |
| 秋天 | qiūtiān | 명 가을 |
| 眼镜 | yǎnjìng | 명 안경 |
| 晴 | qíng | 형 개다, 맑다 |
| 下雪 | xiàxuě | 동 눈이 내리다 |

| | | | |
|---|---|---|---|
| ▢■回国 | huíguó | 동 | 귀국하다 |
| ▢■起飞 | qǐfēi | 동 | 이륙하다 |
| ▢■学期 | xuéqī | 명 | 학기 |
| ▢■年级 | niánjí | 명 | 학년 |
| ▢■学会 | xuéhuì | 동 | 배워서 알다 |
| ▢■东西 | dōngxi | 명 | 물건 |
| ▢■停 | tíng | 동 | 정지하다, 멈추다 |
| ▢■斤 | jīn | 양 | 근 |
| ▢■猪肉 | zhūròu | 명 | 돼지고기 |
| ▢■城市 | chéngshì | 명 | 도시 |
| ▢■开学 | kāixué | 동 | 개학하다 |
| ▢■跳舞 | tiàowǔ | 동 | 춤을 추다 |
| ▢■开花 | kāihuā | 동 | 꽃이 피다 |
| ▢■消息 | xiāoxi | 명 | 소식 |
| ▢■睡懒觉 | shuìlǎnjiào | 동 | 늦잠을 자다 |
| ▢■上星期 | shàngxīngqī | 명 | 지난 주 |
| ▢■感冒 | gǎnmào | 동 | 감기에 걸리다 |
| ▢■时间 | shíjiān | 명 | 시간 |
| ▢■鱼 | yú | 명 | 생선, 물고기 |
| ▢■肉 | ròu | 명 | 고기 |
| ▢■幼儿园 | yòu'éryuán | 명 | 유치원 |
| ▢■地铁 | dìtiě | 명 | 지하철 |

## 试试看

1 나는 책을 한 권 샀어요.

➜ ______________________________

2 나는 밥 한 그릇을 먹었어요.

➜ ______________________________

3 우리는 수업이 아직 끝나지 않았어요.

➜ ______________________________

4 어디서 사셨어요?

➜ ______________________________

5 나는 이제 대학생이에요.

➜ ______________________________

6 지금 저녁을 먹어야겠어요.

➜ ______________________________

# 语法说明

## 1 · 어기조사 了

(1) 어기조사 "了"가 문장의 끝에 쓰여서 상황의 변화, 혹은 새로운 상황의 발생을 나타낸다.[3]

春天了。

高兴了。

涨价了。

天气暖和了。

小草发芽了。

我现在是大学生了。

(2) 시간 · 나이 · 날짜 · 요일 등 뒤에 자주 쓰인다.

九点了。

现在十点半了。

我二十岁了。

今天三月八号了。

今天都星期四了。

3 李相度 · 南德铉 외(1997), <进明中韩词典>, p.1045, 참조.

(3) 该……了

조동사 "该"와 같이 쓰여 "어떤 일을 할 때가 되었다", "어떤 일을 해야겠다"는 뜻을 나타낸다.

我该走了。

现在该吃晚饭了。

11点了，该睡觉了。

(4) 要……了、就……了、就要……了、快……了、快要……了

어떤 새로운 상황이 곧 발생하려고 한다는 뜻을 나타낸다.

要下雨了。

马上就下课了。

快要下课了。

商店快关门了。

火车就要出发了。

"快……了"、"快要……了"는 구체적인 시간을 나타내는 시간명사, 혹은 시간부사와 같이 쓸 수 없다. 그러나 "要……了"、"就……了"、"就要……了"는 구체적인 시간을 나타내는 시간명사, 혹은 시간부사와 같이 쓸 수 있다.

我5点要出发了。(○)

我5点就出发了。(○)

我5点就要出发了。(○)

我5点快出发了。(×)

我5点快要出发了。(×)

## 2 동태조사 了

(1) 동태조사 "了"가 동사 뒤에 쓰여서 동작이나 행위가 완료되었다는 뜻을 나타낸다.

我买了书。

我买了一本书。

我已经告诉了他。

他去了学校。

동사와 동태조사 "了" 뒤에 수행하는 목적어는 일반적으로 수량사 등 수식어의 수식을 받는다.

我买了两件衣服。

我吃了一碗饭。

我新认识了很多朋友。

我做了不少米饭。

(2) 동태조사 "了"를 사용한 문장을 부정할 때 동사 앞에 "没 / 没有"를 붙이며 동사 뒤의 "了"가 사라진다.

我没买衣服。

我们还没下课。

(3) 과거에 동작이 이루어진 시간 · 장소 · 방식 · 주체자 등을 묻고 답할 때 동태조사 "了"를 사용하지 않고 "(是) …… 的"로 대신한다. "是"는 생략해도 된다.

A : 你(是)什么时候来的? B : 我(是)昨天来的。

A : 你(是)在哪儿买的？ B : 我(是)在市场买的。

A : 你怎么知道的? B : 我看电视知道的。

A : 谁告诉你的? B : 老师告诉我的。

목적어는 "的" 뒤에 쓰인다.

我是昨天买的苹果。

我在饭馆吃的饭。

부정은 "是"를 생략할 수 없고 "不是 …… 的"의 형식으로 한다.

我不是昨天来的。

我不是在市场买的。

我不是看电视知道的。

不是老师告诉我的。

(4) 과거에 자주 일어나는 동작이나 행위는 동태조사 "了"를 붙이지 않는다.

我以前常常去这家饭店。

我小时候总去公园。

# 1 기초작문

## ❊ 어기조사 了

(1) 벌써 2017년이에요.

➜ ______________________________

(2) 가을이 왔어요.

➜ ______________________________

(3) 날씨가 맑아졌어요.

➜ ______________________________

(4) 날씨가 추워졌어요.

➜ ______________________________

(5) 나는 새 안경이 생겼어요.

➜ ______________________________

## ❊ 该……了、要……了、就……了、就要……了、快……了、快要……了

(6) 이제 출발해야겠어요.

➜ ______________________________

(7) 눈이 곧 오겠어요.

➜ ______________________________

(8) 곧 귀국해야겠네요.

→ ______________________________

(9) 비행기가 곧 이륙하겠어요.

→ ______________________________

(10) 다음 학기는 벌써 3학년이에요.

→ ______________________________

❊ 동태조사 了

(11) 나는 사과를 샀어요.

→ ______________________________

(12) 그는 학교에 갔어요.

→ ______________________________

(13) 나는 신발 한 켤레를 샀어요.

→ ______________________________

(14) 나는 탕수육을 하나 시켰어요.

→ ______________________________

(15) 너는 옷을 몇 벌 샀니?

→ ______________________________

(16) 너 어디 갔다 왔니?

→ ______________________________

(17) 나는 회의를 하지 않았어요.

➜ ______________________________

(18) 너는 어디에서 먹은 거니? (是…的를 이용할 것)

➜ ______________________________

(19) 너는 언제 도착했니? (是…的를 이용할 것)

➜ ______________________________

(20) 나는 어렸을 때 자주 초코렛을 먹었어요. (과거에 자주 일어난 상황)

➜ ______________________________

## 2 단어를 배열하여 문장을 만들기

(1) 游泳　我　了　学会

➜ ______________________________

(2) 很多　买　东西　我　了

➜ ______________________________

(3) 马上　停　雨　了　要

➜ ______________________________

(4) 一斤　我　买　猪肉　了

➜ ______________________________

(5) 大学　是　在韩国　上的　我

➜ ________________________________

## 3 틀린 문장을 고치기

(1) 你去很多城市了。

➜ ________________________________

(2) 明天快开学了。

➜ ________________________________

(3) 我明年快要去中国了。

➜ ________________________________

(4) 我买两个书包了。

➜ ________________________________

(5) 我在书店买书了。

➜ ________________________________

## 4 심화작문

(1) 나는 큰 케이크를 하나 샀어요.

➜ ________________________________

(2) 어렸을 때 나는 중국 요리를 자주 먹었어요.

→ ____________________

(3) 나는 춤을 (하나) 추었어요.

→ ____________________

(4) 그는 아직 나한테 알려 주지 않았어요.

→ ____________________

(5) 나는 집에 들어간 후에 바로 샤워했어요.

→ ____________________

(6) 봄이에요. 꽃이 피었어요.

→ ____________________

(7) 지금 벌써 밤 12시 반이에요. 자야겠어요.

→ ____________________

(8) 나는 중국에 온지 두 달이 되었어요.

→ ____________________

(9) A : 당신은 어디서 옷을 산 거예요? B : 나는 한국에서 옷을 산 거예요.

→ ____________________

(10) A : 당신은 언제 치마를 산 거예요? B : 나는 지난주에 치마를 산 거예요.

→ ____________________

(11) 이 소식을 듣고 엄마가 매우 기뻐했어요.

→ ____________________

(12) 개학했어요. 그는 늦잠을 잘 수 없게 되었어요.

➜ ______________________________

(13) 선생님은 키 큰 사람과 결혼했어요.

➜ ______________________________

(14) 나는 지난주에 감기에 걸렸어요. 지금은 나았어요.

➜ ______________________________

(15) 시간이 정말 빨리 지나가요. 내일이면 귀국해야 하겠네요.

➜ ______________________________

(16) 나는 생선과 고기를 좀 먹었어요.

➜ ______________________________

(17) 당신은 지난 주말에 영화를 봤어요? 안 봤어요?

➜ ______________________________

(18) 이 아이가 세 살이 되었어요. 유치원에 가야겠네요.

➜ ______________________________

(19) 나는 지하철을 타고 학교에 온 거예요.

➜ ______________________________

(20) 엄마가 가방을 사 준 거예요.

➜ ______________________________

# 第4课
# 특수 동사

## 학습내용

이합동사
이중목적어를 동반하는 동사
동사 在
동사 有

## 生词 I

| | | | |
|---|---|---|---|
| 帮忙 | bāngmáng | 동 | 돕다 |
| 生气 | shēngqì | 동 | 화를 내다 |
| 离婚 | líhūn | 동 | 이혼하다 |
| 请客 | qǐngkè | 동 | 한턱내다 |
| 加油 | jiāyóu | 동 | 주유하다, 파이팅 하다 |
| 聊天 | liáotiān | 동 | 한담하다 |
| 唱歌 | chànggē | 동 | 노래를 부르다 |
| 巴西 | Bāxī | 고 | 브라질 |
| 温泉 | wēnquán | 명 | 온천 |
| 首 | shǒu | 양 | 노래를 세는 단위 |
| 支 | zhī | 양 | 노래나 춤을 세는 단위 |
| 借 | jiè | 동 | 빌리다 |
| 春游 | chūnyóu | 명 | 봄 소풍 |
| 病 | bìng | 동 | 병이 나다 명 병 |
| 营业员 | yíngyèyuán | 명 | 판매원 |
| 毛 | máo | 양 | 돈을 세는 단위(块의 10분의 1) |
| 束 | shù | 양 | 다발(꽃을 세는 단위) |
| 枚 | méi | 양 | 반지를 세는 단위 |
| 戒指 | jièzhi | 명 | 반지 |
| 钱包 | qiánbāo | 명 | 지갑 |
| 棵 | kē | 양 | 나무를 세는 단위 |
| 树 | shù | 명 | 나무 |

| | | |
|---|---|---|
| □■娜娜 | Nàna | 고 나나(인명) |
| □■物理 | wùlǐ | 명 물리 |
| □■法语 | fǎyǔ | 명 프랑스어, 불어 |
| □■喊 | hǎn | 동 외치다, 소리 지르다 |
| □■咖啡厅 | kāfēitīng | 명 커피숍 |
| □■地铁站 | dìtiězhàn | 명 지하철역 |
| □■首尔 | Shǒu'ěr | 고 서울(지명) |
| □■亿 | yì | 수 억 |
| □■套 | tào | 양 집을 세는 단위 |
| □■房子 | fángzi | 명 집, 하우스 |
| □■便利店 | biànlìdiàn | 명 편의점 |
| □■墙 | qiáng | 명 벽 |
| □■打算 | dǎsuàn | 동 계획하다 |
| □■对 | duì | 개 ~에게, ~를 향하여 |
| □■说话 | shuōhuà | 동 말하다 |
| □■练歌房 | liàn'gēfáng | 명 노래방 |
| □■传统 | chuántǒng | 명 전통 형 전통적이다 |
| □■块 | kuài | 양 시계를 세는 단위 |
| □■手表 | shǒubiǎo | 명 시계 |
| □■约会 | yuēhuì | 명 약속 |
| □■取款机 | qǔkuǎnjī | 명 현금지급기 |
| □■楼 | lóu | 명 건물 |

## 试试看

1 시간 있을 때 우리 한번 만나요.

➜ ______________________________

2 선생님은 나에게 중국어를 가르쳐요.

➜ ______________________________

3 돈은 지갑 안에 있어요.

➜ ______________________________

4 앞에 나무 한 그루가 있어요.

➜ ______________________________

5 나는 그와 이야기를 한번 나눈 적이 있어요.

➜ ______________________________

6 판매원은 그에게 3.5위엔을 거슬러 주었어요.

➜ ______________________________

# 语法说明

## 1 이합동사

"동사 + 목적어" 구조로 만들어진 동사를 이합동사(离合动词)라고 한다. 이합동사는 뒤에 목적어를 쓸 수 없으며 이합동사 안의 동사와 목적어 사이에 다른 성분(관형어 · 동태조사 등)이 들어갈 수 있다.

(1) 자주 쓰는 이합동사 :

| | | | | |
|---|---|---|---|---|
| 见面 | 结婚 | 睡觉 | 帮忙 | 洗澡 |
| 生气 | 毕业 | 离婚 | 请客 | 加油 |
| 聊天 | 上课 | 下课 | 唱歌 | 跳舞 |

(2) 이합동사는 뒤에 목적어를 쓸 수 없다.

我见面你。(×)
我和你见面。

我帮忙你。(×)
我帮你的忙。

(3) 이합동사 안의 동사와 목적어 사이에 관형어가 들어갈 수 있다.

| | |
|---|---|
| 见朋友的面 | 帮你的忙 |
| 上汉语课 | 唱中国歌 |
| 跳巴西舞 | 生我的气 |

(4) 이합동사 안의 동사와 목적어 사이에 동태조사가 들어갈 수 있다.

| | | | | |
|---|---|---|---|---|
| 见了面 | 结了婚 | 睡了觉 | 帮了忙 | 洗了澡 |
| 生了气 | 毕了业 | 离了婚 | 请了客 | 加了油 |

| | | | | |
|---|---|---|---|---|
| 见着面 | 睡着觉 | 洗着澡 | 生着气 | 请着客 |
| 聊着天 | 上着课 | 唱着歌 | 跳着舞 | |

| | | | | |
|---|---|---|---|---|
| 结过婚 | 帮过忙 | 生过气 | 离过婚 | 请过客 |
| 加过油 | 聊过天 | 上过课 | 唱过歌 | 跳过舞 |

(5) 이합동사 안의 동사와 목적어 사이에 동량사가 들어갈 수 있다.

| | |
|---|---|
| 我和他见过一次面。 | 她结过两次婚。 |
| 我也帮了一次忙。 | 我在温泉洗过两次澡。 |
| 今天早上她已经生了一次气了。 | 我在家里请过一次客。 |
| 我和他聊过几次天。 | 我在北京上过一次汉语课。 |

(6) 이합동사 안의 동사와 목적어 사이에 수량사가 들어갈 수 있다.

| | |
|---|---|
| 有时间我们见一个面。 | 我帮了一个忙。 |
| 我唱了一首歌。 | 她跳了一支舞。 |
| 刚才洗了一个澡。 | |

## 2 · 이중목적어를 취하는 동사

일부 동사는 목적어를 두 개 취한다. 일반적으로 목적어1은 사람으로 나타나고 간접목적어라고 하며 목적어2는 사물로 나타나고 직접목적어라고 한다.

**주어 + 동사 + 목적어1(사람) + 목적어2(사물)**

이중목적어를 취하는 동사는 "给"、"教"、"问"、"告诉"、"找"、"叫"、"借"、"送" 등이 있다.

给 : 주다

爸爸给我一个生日礼物。

我给孩子10块钱。

教 : 가르치다

老师教我汉语。

我教孩子英语。

问 : 묻다

他问我现在几点了。

我问老师有没有作业。

告诉 : 알리다

老师告诉我明天不去春游。

我告诉老师我病了。

找 : 거슬러 주다

服务员找我5块钱。

营业员找他了3块5毛钱。

叫 : 부르다

他叫我娜娜。

我叫他一起去。

借 : 빌리다

他借我了一本书。

我借你100块钱。

送 : 보내다, 주다

我送朋友一束花。

男朋友送我一枚戒指。

## 3 동사 "在"

"~에 있다"로 해석되며 "어떤 사물이나 사람이 어느 장소나 어느 위치에 존재할 때" 쓰인다. 어순은 아래와 같다.[4] 부정은 "在" 앞에 부정 부사 "不"를 붙인다.

사물 / 사람 + 在 + 장소 / 위치

我在家。

书在桌子上。

学校在医院前面。

爸爸不在公司。

钱不在钱包里。

## 4 동사 "有"

(1) 소 유

"~을 가지고 있다"로 해석되며 "소유"를 나타낸다. 부정은 "有" 앞에 부정 부사 "没"를 붙인다.

사람 + 有 + 사물 / 사람

4 임영택 · 황신애 외(2014), <한번에 통하는 스타트 중국어>, p.98, 참조.

我有汉语书。

他有一个姐姐。

中国人有钱。

我没有男朋友。

(2) 존 재

"어느 장소나 어느 위치에 어떤 사물이나 사람이 소유로서의 존재함"을 나타낸다. 어순은 아래와 같다.[5]

**장소 / 위치** + **有** + **사물 / 사람**

前面有一棵树。

桌子上有一本书。

学校旁边有一个医院。

这儿有药店。

※ "존재"를 나타낼 때 "在"와 "有"의 차이점 :

(1) 学校在医院前面。

(2) 医院前面有学校。

예문(1) "在"는 위치/장소에 존재함을 설명하는 것으로 "학교의 위치는 병원 앞에 있다"는 뜻이고, 예문(2) "有"는 소유로서의 존재함을 설명하는 것으로 "병원 앞에는 학교라는 존재가 소유되어 있다"는 뜻이다.

5 임영택 · 황신애 외(2014), <한번에 통하는 스타트 중국어>, p.99, 참조.

# 1 기초작문

## ※ 이합동사

(1) 나는 그와 결혼했어요.

→ ______

(2) 그는 나에게 화가 났어요.

→ ______

(3) 당신은 대학교를 졸업했나요?

→ ______

(4) 오전에 물리 수업을 하지 않았어요.

→ ______

(5) 그는 늦잠을 자는 것을 좋아해요.

→ ______

## ※ 이중목적어

(6) 그는 나에게 내일 봄 소풍에 갈 거냐고 물어요.

→ ______

(7) 나는 딸에게 프랑스어를 가르쳐요.

→ ______

(8) 그는 나에게 돈을 빌려 주지 않았어요.

→ ______________________________

(9) 나는 그에게 소리 지르지 말라고 알려주었어요.

→ ______________________________

(10) 그는 나에게 2.3위엔을 거슬러 주었어요.

→ ______________________________

❊ 동사 "在"

(11) 우리 누나는 지금 커피숍에 있어요.

→ ______________________________

(12) 커피숍은 지하철역 옆에 있어요.

→ ______________________________

(13) 아버지의 회사는 서울에 있어요.

→ ______________________________

(14) 내 핸드폰은 어디에 있어요?

→ ______________________________

❊ 동사 "有"

(15) 그는 여자 친구가 두 명 있어요.

→ ______________________________

(16) 중국은 인구가 13억입니다.

→ ______

(17) 우리 집은 집이 5채 있어요.

→ ______

(18) 우리 집 근처에는 식당이 많이 있어요.

→ ______

(19) 식당 옆에는 편의점이 하나 있어요.

→ ______

(20) 영화관 안에는 무엇이 있나요?

→ ______

## 2 단어를 배열하여 문장을 만들기

(1) 忙　想　帮　的　你　我

→ ______

(2) 礼物　她　我　很多　送

→ ______

(3) 桌子　我　在　的　书　上

→ ______

(4) 钱包　钱　里　很多　有

→ ______

(5) 墙　什么　有　上

→

## 3 틀린 문장을 고치기

(1) 我们聊天过一次。

→

(2) 我帮忙他两次了。

→

(3) 妈妈给我教汉语。

→

(4) 商场有电影院旁边。

→

(5) 学校里在饭店。

→

## 4 심화작문

(1) 나는 그와 이야기를 두 번 나눈 적이 있어요.

→

(2) 대학교 졸업하고 나서 무엇을 할 계획이에요?

➔ ______

(3) 나는 샤워하면서 노래를 불러요.

➔ ______

(4) 그는 화를 내면서 나에게 말해요.

➔ ______

(5) 나는 노래방에서 일본 노래를 부른 적이 있어요.

➔ ______

(6) 그 여자는 결혼도 두 번 했고 이혼도 두 번 했어요.

➔ ______

(7) 한국인들은 한국 전통 춤을 추는 것을 좋아해요.

➔ ______

(8) 내 남자 친구는 나에게 시계를 하나 주었어요.

➔ ______

(9) 그는 나에게 약속 시간을 알려주지 않았어요.

➔ ______

(10) 나는 그에게 몇 번 물어봤어요.

➔ ______

(11) 나의 지갑은 침대 위에 있어요.

➔ ______

(12) 책꽂이에 무슨 책이 있어요?

→ ______

(13) 우체국은 약국 근처에 있어요.

→ ______

(14) 약국 근처에는 우체국과 은행이 있어요.

→ ______

(15) 이 건물에는 식당 · 커피숍 · 영화관이 있어요.

→ ______

(16) 영화관은 이 건물에 있어요.

→ ______

(17) 이 병원에는 현금지급기가 없어요.

→ ______

(18) 은행은 병원 밖에 있어요.

→ ______

(19) 백화점에는 옷이 많이 있어요.

→ ______

(20) 당신의 차는 이 건물 밑에 있나요?

→ ______

# 第5课
# 연동문

## 학습내용

연동문
특수 연동문
동사의 중첩

## 生词 I

| | | | |
|---|---|---|---|
| 找 | zhǎo | 동 | 찾다 |
| 刚刚 | gānggāng | 부 | 방금 |
| 十分 | shífēn | 부 | 매우, 아주 |
| 手娟 | shǒujuàn | 명 | 손수건 |
| 擦 | cā | 동 | 닦다 |
| 钢笔 | gāngbǐ | 명 | 만년필 |
| 写字 | xiězì | | 글자를 쓰다 |
| 卡 | cǎ | 명 | 카드 |
| 付 | fù | 동 | 지불하다 |
| 精力 | jīnglì | 명 | 정신과 체력 |
| 解决 | jiějué | 동 | 해결하다 |
| 尝 | cháng | 동 | 맛보다 |
| 考虑 | kǎolǜ | 동 | 고려하다 |
| 准备 | zhǔnbèi | 동 | 준비하다 |
| 翻译 | fānyì | 동 | 번역하다 |
| 想法 | xiǎngfǎ | 명 | 생각 |
| 好好儿 | hǎohāor | 부 | 잘 |
| 下个月 | xiàgèyuè | | 다음 달 |
| 度假 | dùjià | 동 | 휴가를 보내다 |
| 出租汽车 | chūzūqìchē | 명 | 택시 |
| 看病 | kànbìng | 동 | 진찰을 받다 |
| 毛巾 | máojīn | 명 | 수건 |

| | | | |
|---|---|---|---|
| □■汗 | hàn | 명 | 땀 |
| □■筷子 | kuàizi | 명 | 젓가락 |
| □■印度 | Yìndù | 고 | 인도 |
| □■烤鸭 | kǎoyā | 명 | 구운 오리 |
| □■帮 | bāng | 동 | 돕다 |
| □■文件 | wénjiàn | 명 | 서류 |
| □■游泳馆 | yóuyǒngguǎn | 명 | 수영장 |
| □■开车 | kāichē | 동 | 차를 몰다 |
| □■郊外 | jiāowài | 명 | 교외 |
| □■烤肉 | kǎoyòu | 동 | 고기를 굽다 명 구운 고기 |
| □■窗户 | chuānghu | 명 | 창문 |
| □■棒球 | bàngqiú | 명 | 야구 |
| □■棒球场 | bàngqiúchǎng | 명 | 야구장 |
| □■方式 | fāngshì | 명 | 방식 |
| □■美元 | měiyuán | 명 | 달러 |
| □■热水 | rèshuǐ | 명 | 따뜻한 물, 끓인 물 |
| □■洗脸 | xǐliǎn | 동 | 세수하다 |
| □■招待 | zhāodài | 동 | 대접하다 |
| □■考试 | kǎoshì | 명 | 시험 |
| □■意见 | yìjiàn | 명 | 의견 |
| □■决定 | juédìng | 동 | 결정하다 |
| □■上网 | shàngwǎng | 동 | 인터넷을 하다 |

# 试试看

1 그녀는 치마를 사 입고 싶어 해요.

→ ______________________________

2 우리는 어제 영화를 보러 갔었어요.

→ ______________________________

3 나는 자주 만년필로 글자를 써요.

→ ______________________________

4 나는 봄 소풍 갈 돈이 없어요.

→ ______________________________

5 내가 만든 요리를 맛 좀 봐요.

→ ______________________________

6 그는 고민 좀 하고 들어갔어요.

→ ______________________________

# 语法说明

## 1. 연동문

(1) 한 문장에서 두 개 혹은 두 개 이상의 동사를 사용하는 문장을 연동문이라고 한다. 연동문은 동작을 실현하는 순서대로 동사와 목적어를 나열한다. 연동문의 어순은 아래와 같다.

주어 + 동사1 + (목적어1) + 동사2 (목적어2) + …

我们明天去看电影。

我找他问问。

我去找他问问。

她买裙子穿。

(2) 연동문의 부정은 첫 번째 동사 앞에 부정 부사 "不"나 "没"을 붙인다.

我们明天不去看电影。

我不去食堂吃饭。

我没去找他问。

去年她没来中国学习汉语。

(3) 연동문에서 동태조사 "了"는 두 번째 동사 뒤에 붙인다.

我找他问了。

她穿衣服走了。

我们昨天去看了一场电影。

刚才我出去打了一个电话。

(4) 연동문에서 부사나 조동사는 첫 번째 동사 앞에 쓰인다.

我马上就找他问。

她刚刚穿衣服走了。

我们十分想去看电影。

我要出去打电话。

## 2 특수 연동문

(1) 用 + 목적어1 + 동사2 + 목적어2 :

어떤 방식이나 방법으로 무엇을 한다는 뜻을 나타내고 우리말로 "~(으)로 ~하다"에 해당된다.

她用手娟擦眼睛。

我常常用钢笔写字。

我用手机上网。

他用卡付钱。

(2) 有 / 没有 + 목적어1 + 동사2 + 목적어2 :

"동사2 + 목적어2"는 "목적어1"을 보충 설명하는 역할을 한다.

我有时间旅游。

我没有时间吃饭。

我有钱买房子。

我没有钱去旅游。

我没有精力解决你的问题。

你还有精力看电视？

## 3 · 동사의 중첩

(1) 동사의 중첩은 "무엇을 좀 시도해 보다"는 뜻을 나타낸다. 동사가 1음절일 경우에 중첩된 동사 사이에 "一"이 들어가서 "동사 + 一 + 동사"의 형식으로 사용되기도 한다.

1음절 동사 : AA = A + 一 + A

看看，听听，想想，尝尝，等等
看一看，听一听，想一想，尝一尝，等一等

2음절 동사 : ABAB

休息休息，考虑考虑，准备准备，翻译翻译

你听听他的想法。

你尝一尝我做的菜。

我们再等等吧！

我们明天就出发了，今天好好儿准备准备。

(2) 동작의 완료를 나타내는 동태조사 "了"는 중첩된 동사 사이에 사용된다.

1음절 / 2음절 동사 : A + 了 + A

看了看，听了听，想了想，尝了尝，等了等
休息了休息，考虑了考虑，准备了准备，翻译了翻译

我尝了尝丈夫做的菜。

她看了看我，坐下了。

我刚才在办公室休息了休息。

他考虑了考虑，进去了。

MEMO

연습문제 练习

# 1 기초작문

## ※ 연동문

(1) 나는 중국어를 공부하러 북경에 가요.

➜ ______________________________

(2) 그는 빵을 사서 먹고 싶어요.

➜ ______________________________

(3) 다음 달에 나는 휴가를 보내러 중국에 가려고 해요.

➜ ______________________________

(4) 작년에 나는 미국 여행을 다녀왔어요.

➜ ______________________________

(5) 나는 택시를 타고 병원에 가요.

➜ ______________________________

(6) 당신은 지하철을 타고 와야 해요.

➜ ______________________________

(7) 나는 진찰 받으러 병원에 가지 않았어요.

➜ ______________________________

(8) 나는 딸에게 중국어를 가르치지 않았어요.

➜ ______________________________

연습문제 练习

**❋ 특수 연동문**

(9) 그는 수건으로 땀을 닦아요.

➜ ______

(10) 중국인은 젓가락으로 밥을 먹어요.

➜ ______

(11) 인도 사람은 손으로 밥을 먹어요.

➜ ______

(12) 나는 당신과 말할 시간이 없어요.

➜ ______

(13) 그는 컴퓨터를 살 돈이 없어요.

➜ ______

(14) 나는 영화를 볼 여유(정신과 체력)가 없어요.

➜ ______

**❋ 동사의 중첩**

(15) 이 책을 좀 보세요.

➜ ______

(16) 여기서 나를 좀 기다려 주세요.

➜ ______

(17) 앉아서 좀 쉬세요.

➜ ______________________________

(18) 우리는 좀 더 고려해 볼게요.

➜ ______________________________

(19) 나는 그가 만든 일본 요리를 맛 좀 봤어요.

➜ ______________________________

(20) 나는 그가 하는 말을 생각 좀 해 봤어요.

➜ ______________________________

## 2 단어를 배열하여 문장을 만들기

(1) 你　吗　了　去　吃　北京　烤鸭

➜ ______________________________

(2) 什么　你　衣服　干　买

➜ ______________________________

(3) 买　我　苹果　吃　想

➜ ______________________________

(4) 翻译　他　话　请　翻译　说的

➜ ______________________________

(5) 没有　玩　精力　出去　我

➜ ______

## 3 틀린 문장을 고치기

(1) 我明天去不看电影。

➜ ______

(2) 我帮他买两个包子了。

➜ ______

(3) 她出去了见朋友。

➜ ______

(4) 请你帮我翻译一翻译这个文件。

➜ ______

(5) 昨天我在家休息休息。

➜ ______

## 4 심화작문

(1) 나는 방금 나가서 빵을 하나 샀어요.

➜ ______

(2) 나는 그를 찾아가서 이야기 좀 나눠 보고 싶어요.

➜

(3) 토요일에 우리는 자주 수영장에 수영하러 가요.

➜

(4) 그는 차를 몰고 나가서 놀려고 해요.

➜

(5) 나는 교외에 가서 고기를 구워 먹고 싶어요.

➜

(6) 당신은 문을 열고 나가지 마세요.

➜

(7) 한국인은 야구장에 가서 야구시합을 보는 것을 좋아해요.

➜

(8) 나는 지금 집에 가서 방을 청소해야 해요.

➜

(9) 당신은 이런 방식으로 문제를 해결하지 마세요.

➜

(10) 그녀는 자주 현금으로 물건을 사요.

➜

(11) 그녀는 따뜻한 물로 세수하는 것을 좋아해요.

➜

(12) 중국인은 일반적으로 차로 손님을 대접해요.

➜ ______________________________

(13) 그녀는 백화점에 가서 옷을 살 돈이 없어요.

➜ ______________________________

(14) 나는 당신의 말을 들을 시간이 없어요.

➜ ______________________________

(15) 나는 내일 시험을 준비 좀 하려고 해요.

➜ ______________________________

(16) 우리는 자주 남의 의견을 들어야 해요.

➜ ______________________________

(17) 어떻게 해야 하는지를 생각 좀 잘 해 봐요.

➜ ______________________________

(18) 어제 나는 오늘 수업을 미리 준비 좀 했어요.

➜ ______________________________

(19) 우리는 좀 쉬고 또 출발했어요.

➜ ______________________________

(20) 나는 생각 좀 하고 나서 가지 않기로 결정했어요.

➜ ______________________________

第6课

# 동작의 진행과 상태의 지속

## 학습내용

동작의 진행
상태의 지속
형용사의 중첩

## 生词 I

| | | | |
|---|---|---|---|
| 站 | zhàn | 동 | 서다 |
| 戴 | dài | 동 | 착용하다 |
| 帽子 | màozi | 명 | 모자 |
| 趴 | pā | 동 | 엎드리다 |
| 沙发 | shāfā | 명 | 소파 |
| 讲课 | jiǎngkè | 동 | 강의하다 |
| 鼻梁 | bíliáng | 명 | 콧등 |
| 宽 | kuān | 형 | 넓다 |
| 道路 | dàolù | 명 | 길 |
| 宽敞 | kuānchǎng | 형 | 넓다 |
| 安全 | ānquán | 형 | 안전하다 |
| 设备 | shèbèi | 명 | 설비 |
| 得 | děi | 조 | ~해야 하다 |
| 打折 | dǎzhé | 동 | 세일하다, 할인하다 |
| 体操 | tǐcāo | 명 | 체조 |
| 这个时候 | zhège shíhou | | 이맘때 |
| 躺 | tǎng | 동 | 눕다 |
| 挂 | guà | 동 | 걸다 |
| 抱 | bào | 동 | 안다 |
| 摆 | bǎi | 동 | 놓다, 진열하다 |
| 相框 | xiàngkuàng | 명 | 사진액자 |
| 收到 | shōudào | 동 | 받다 |

| | | | |
|---|---|---|---|
| 讨论 | tǎolùn | 동 | 토론하다 |
| 认真 | rènzhēn | 형 | 성실하다 |
| 课文 | kèwén | 명 | 본문 |
| 拖鞋 | tuōxié | 명 | 슬리퍼 |
| 上学 | shàngxué | 동 | 등교하다 |
| 睡衣 | shuìyī | 명 | 잠옷 |
| 报纸 | bàozhǐ | 명 | 신문 |
| 操场 | cāochǎng | 명 | 운동장 |
| 举行 | jǔxíng | 동 | 거행하다 |
| 比赛 | bǐsài | 명 | 시합 |
| 动物园 | dòngwùyuán | 명 | 동물원 |
| 熊猫 | xióngmāo | 명 | 판다 |
| 隔壁 | gébì | 명 | 이웃집, 옆방 |
| 弹 | tán | 동 | (피아노 등을) 치다 |
| 钢琴 | gāngqín | 명 | 피아노 |
| 运动鞋 | yùndòngxié | 명 | 운동화 |
| 散步 | sànbù | 동 | 산책하다 |
| 期中考试 | qīzhōngkǎoshì | 명 | 중간고사 |
| 条 | tiáo | 양 | 가늘고 긴 것을 세는 양사 |
| 黑板 | hēibǎn | 명 | 칠판 |
| 收拾 | shōushi | 동 | 정리하다 |
| 行李 | xíngli | 명 | 짐 |

# 试试看

1 우리는 중국어 수업을 하고 있어요.

➜ ______________________________

2 나는 TV를 보고 있지 않아요.

➜ ______________________________

3 그는 녹색 모자를 쓰고 있어요.

➜ ______________________________

4 아이가 울면서 말해요.

➜ ______________________________

5 선생님이 서서 강의해요.

➜ ______________________________

6 우리는 공부를 잘 해야 해요.

➜ ______________________________

# 语法说明

## 1 동작의 진행

어떤 일이나 동작의 진행은 부사 "正"、"在"와 어기조사 "呢"로 표현하고 우리말로 "~하고 있다"는 뜻이다. 부사 "正"、"在"와 어기조사 "呢" 중에서 하나를 쓰든, 둘을 쓰든, 셋을 다 쓰든 모두 진행의 의미를 표현한다.

**주어** + **正 / 在 / 正在** + **동사** + **목적어** + **呢**

我正在吃饭呢。/ 我正在吃饭。/ 我正吃饭呢。/ 我在吃饭呢。/

我正吃饭。/ 我在吃饭。/ 我吃饭呢。

我们正在上汉语课呢。

他正看电视呢。

我做作业呢。

(1) 동작의 진행은 과거, 현재, 미래 시제에 모두 사용할 수 있다.

去年这个时候，我正在旅行呢。

昨天这个时候，我正在吃饭呢。

明年这个时候，我可能正在准备考试呢。

明天这个时候，我可能正在火车上睡觉呢。

(2) 부정은 부사 "正"、"在"와 어기조사 "呢"를 빼고 동사 앞에 부정 부사 "没(有)"을 붙인다.

A : 你们上汉语课呢吗？

B : 我们没上汉语课。

A : 你看电视呢吗?

B : 我没看电视，我做作业呢。

## 2 · 상태의 지속

상태의 지속은 동태조사 "着"로 표현한다. 어떤 동작을 완성하고 완성된 상태가 변화 없이 지속된다는 뜻이다. 문장 끝에 어기조사 "呢"를 붙이기도 한다. 어순은 아래와 같다.

주어 + 동사 + 着 + 목적어 + (呢)

她站着呢，我坐着呢。

他穿着红色的裤子。

你戴着绿色的帽子。

小猫在沙发上趴着呢。

(1) 상태 지속의 부정은 동사 앞에 부정 부사 "没"을 붙이고 어기조사 "呢"를 빼야 한다.

她没站着，我也没坐着。

他没穿着红色的裤子。

你没戴着绿色的帽子。

小猫没在沙发上趴着。

(2) 동태조사 "着"는 연동문에서 쓰기도 한다. 우리말로 "어떤 상태에서 무엇을 하다"는 뜻이다.

她戴着帽子上课。

孩子哭着说话。

老师站着讲课。

小猫趴着睡觉。

(3) 동작의 진행은 동적인 개념이고 상태의 지속은 정적인 개념이다. 하나의 문장에서 동적인 진행과 정적인 상태를 동시에 나타날 수도 있다. 이런 경우에 부사 "正", 어기조사 "呢"와 동태조사 "着"을 같이 쓴다.

外面正下着雨呢。

爸爸正看着电视呢。

我们正上着课呢。

他正吃着饭呢。

## 3 형용사의 중첩

형용사가 중첩되면 형용사의 묘사 정도가 더 강한 것으로 나타난다. 단 정도부사와 함께 쓸 수 없다.

1음절 : AA
2음절 : AABB

(1) 형용사의 중첩이 관형어가 될 때 :

1음절 : AA + 的
2음절 : AABB + 的

长长的头发　　高高的鼻梁
大大的个子　　黄黄的头发
厚厚的词典　　宽宽的道路
宽宽敞敞的房间　　干干净净的教室
高高兴兴的孩子　　安安全全的设备

(2) 형용사의 중첩이 술어가 될 때 :

1음절 : AA + 的
2음절 : AABB + 的

她的头发长长的。　　弟弟的鼻梁高高的。
爸爸的个子大大的。　　美国人的头发黄黄的。
我的词典厚厚的。　　学校前面的道路宽宽的。
房间宽宽敞敞的。　　教室干干净净的。
孩子高高兴兴的。　　设备安安全全的。

(3) 형용사의 중첩이 부사어가 될 때 :

1음절 형용사인 경우에 두 번째 글자(두 번째 A)를 제1성으로 읽으면서 "儿"화를 시켜야 하고 부사를 만드는 구조조사 "地"가 생략될 수 있다.
2음절 형용사인 경우에 두 번째 글자(두 번째 A)를 경성으로 읽으며 구조조사 "地"가 생략될 수 없다.

1음절 : AA + 儿 + (地)
2음절 : AABB + 地

好好儿(地) : hǎohāor de

快快儿(地) : kuàikuāir de

慢慢儿(地) : mànmānr de

高高兴兴地 : gāogaoxìngxìng de

安安全全地 : ānanquánquán de

我们应该好好儿学习。

你得快快儿地跑。

奶奶，慢慢儿走。

工人们高高兴兴地上班，安安全全地回家。

연습문제 练习

# 1 기초작문

**✻ 동작의 진행**

(1) 나는 당신을 기다리고 있어요.

➜ ______________________________

(2) 백화점은 세일하고 있어요.

➜ ______________________________

(3) 학생들이 체조를 하고 있어요.

➜ ______________________________

(4) 내년 이맘때 나는 아마 여행을 다니고 있을 거예요.

➜ ______________________________

(5) 학생이 선생님에게 질문하고 있어요.

➜ ______________________________

(6) 작년 3월에 나는 중국에서 중국어를 공부하고 있었어요.

➜ ______________________________

(7) 그는 지금 전화하고 있지 않아요.

➜ ______________________________

(8) 나는 숙제를 하고 있지 않고 놀고 있어요.

➜ ______________________________

**❊ 상태의 지속**

(9) 할아버지는 침대에 누워 있어요.

→ ______________________________

(10) 옷은 벽에 걸려 있어요.

→ ______________________________

(11) 그녀는 아이를 안고 있어요.

→ ______________________________

(12) 에어컨은 켜 있지 않아요.

→ ______________________________

(13) 밖에는 눈이 오고 있어요.

→ ______________________________

(14) 테이블 위에 액자가 하나 놓여 있어요.

→ ______________________________

**❊ 형용사의 중첩**

(15) 누나의 눈은 매우 커요.

→ ______________________________

(16) 이 책은 매우 두꺼워요.

→ ______________________________

(17) 조급해하지 마세요. 천천히 드세요.

➜ ____________________

(18) 그의 방은 매우 깨끗해요.

➜ ____________________

(19) 그들은 기쁘게 놀러 나갔어요.

➜ ____________________

(20) 나는 작은 선물을 하나 받았어요.

➜ ____________________

## 2 단어를 배열하여 문장을 만들기

(1) 正在　问题　他们　讨论

➜ ____________________

(2) 挂　一个　着　空调　墙上

➜ ____________________

(3) 给　一个　苹果　爸爸　我　大大的

➜ ____________________

(4) 完成　了　作业　认认真真地　今天的　孩子们

➜ ____________________

(5) 正在　课文　学生们　读

→

## 3 틀린 문장을 고치기

(1) 他没戴着帽子呢。

→

(2) 我没正在买东西。

→

(3) 孩子们高高兴兴出去了。

→

(4) 这个包是大大的。

→

(5) 她的眼睛是红红的。

→

## 4 심화작문

(1) 그 학생은 음악을 들으면서 책을 봐요.

→

(2) 그는 슬리퍼를 신고 학교에 가요.

→ ______________________________

(3) 나는 기숙사에서 남자친구에게 편지를 쓰고 있어요.

→ ______________________________

(4) 내가 집에 갔을 때 엄마는 방을 청소하고 있었어요.

→ ______________________________

(5) 그 여자는 잠옷을 입고 뛰어나갔어요.

→ ______________________________

(6) 신문을 들고 있는 그 사람은 누구입니까?

→ ______________________________

(7) 운동장에서는 축구 시합을 하고 있어요.

→ ______________________________

(8) 우리는 동물원에서 판다를 보고 있어요.

→ ______________________________

(9) 그녀는 옆방에서 피아노를 치고 있어요.

→ ______________________________

(10) 그녀는 운동화를 신고 산책하는 것을 좋아해요.

→ ______________________________

(11) 그는 TV를 보고 있지 않고 중간고사를 준비하고 있어요.

→ ______________________________

(12) 엄마는 밥하고 있지 않고 소파에 앉아 있어요.

➜ ______________________________

(13) 높은 테이블 위에 두꺼운 사전이 한 권 놓여 있어요.

➜ ______________________________

(14) 넓은 교실 안에 학생 50명이 앉아 있어요.

➜ ______________________________

(15) 우리 집 앞에 넓은 길이 하나 있어요.

➜ ______________________________

(16) 아이들은 밥을 잘 먹어야 키가 클 수 있어요.

➜ ______________________________

(17) 할아버지는 방에 조용히 앉아 있어요.

➜ ______________________________

(18) 교실 안에 커다란 칠판이 하나 걸려 있어요.

➜ ______________________________

(19) 그가 누군지 잘 생각해 보세요.

➜ ______________________________

(20) 내가 그의 집에 갔을 때 그는 짐을 정리하고 있었어요.

➜ ______________________________

MEMO

# 第7课

# 조동사

## 학습내용

- 조동사의 위치
- 조동사 要
- 조동사 想
- 조동사 能
- 조동사 可以
- 조동사 会
- 조동사 应该
- 조동사 得

# 生词 I

| | | |
|---|---|---|
| □■集中 | jízhōng | 동 집중하다 |
| □■精神 | jīngshén | 명 정신 |
| □■按时 | ànshí | 부 시간에 맞추어 |
| □■遵守 | zūnshǒu | 동 준수하다 |
| □■交通 | jiāotōng | 명 교통 |
| □■规则 | guīzé | 명 규칙 |
| □■便 | biàn | 명 용변 |
| □■洗 | xǐ | 동 씻다 |
| □■吸烟 | xīyān | 동 담배를 피우다 |
| □■幸福 | xìngfú | 형 행복하다 명 행복 |
| □■骑 | qí | 동 타다 |
| □■毛笔 | máobǐ | 명 붓 |
| □■早点儿 | zǎodiǎnr | 부 일찍 |
| □■撒谎 | sāhuǎng | 동 거짓말을 하다 |
| □■挨 | ái | 동 당하다, 받다 |
| □■批评 | pīpíng | 명 비평, 비판 |
| □■戒烟 | jièyān | 담배를 끊다 |
| □■当 | dāng | 동 담당하다, 맡다 |
| □■帮助 | bāngzhù | 동 돕다 |
| □■呆 | dāi | 동 머물다 |
| □■提问 | tíwèn | 동 질문하다 |
| □■刷牙 | shuāyá | 동 양치질하다 |

| | | | |
|---|---|---|---|
| □■分手 | fēnshǒu | 동 | 헤어지다 |
| □■真的 | zhēnde | 부 | 정말로 |
| □■大声 | dàshēng | 부 | 큰 소리로 |
| □■比赛 | bǐsài | 명 | 시합 |
| □■得 | dé | 동 | 얻다, 쟁취하다 |
| □■冠军 | guànjūn | 명 | 우승, 챔피언 |
| □■短信 | duǎnxìn | 명 | 문자, 메시지 |
| □■语言 | yǔyán | 명 | 언어 |
| □■排球 | páiqiú | 명 | 배구 |
| □■试 | shì | 동 | 시도하다 |
| □■爬山 | páshān | 동 | 등산하다 |
| □■完美 | wánměi | 형 | 완벽하다 |
| □■公里 | gōnglǐ | 명 | 킬로미터 |
| □■实践 | shíjiàn | 동 | 실천하다 |
| □■失望 | shīwàng | 동 | 실망하다 |
| □■顿 | dùn | 양 | 끼 (식사 등을 세는 양사) |
| □■继续 | jìxù | 동 | 계속하다 |
| □■分期付款 | fēnqīfùkuǎn | | 할부 |
| □■灰色 | huīsè | 명 | 회색 |
| □■小心 | xiǎoxīn | 동 | 조심하다 |
| □■参加 | cānjiā | 동 | 참가하다 |
| □■人民代表大会 | rénmíndàibiǎodàhuì | | 인민 대표 대회 |

## 试试看

1 나는 학교에 가려고 해요.

➜ ______________________________

2 나는 오늘 밥을 먹고 싶지 않아요.

➜ ______________________________

3 나는 영어를 할 줄 알아요.

➜ ______________________________

4 너는 지각하지 말아야 해.

➜ ______________________________

5 너는 열심히 공부해야 해.

➜ ______________________________

6 나는 내일 소풍 갈 수 있어요.

➜ ______________________________

# 语法说明

## 1. 조동사의 위치

조동사는 동사 앞에, 주어 뒤에 사용한다. 특정한 의미를 가지고 있으면서 뒤에 있는 동사를 보조해 주는 역할을 한다.

**주어** + **조동사** + **동사** + **목적어**

## 2. 조동사 要

(1) 화자의 의지를 나타내며 한국어로 "-려고 하다"와 대응한다. 부정할 때는 "不要"로 하지 않고 "不想"로 한다.

我要回家。

我不想回家。

我要努力学习。

我不想努力学习。

(2) 의무를 나타내며 한국어로 "-해야 하다"와 대응한다. 부정할 때는 "不用"로 한다.

上课时，要集中精神。

你要按时吃药。

要遵守交通规则。

饭前便后要洗手。

今天不用做作业。

## 3 조동사 想

희망을 나타내며 한국어로 "-하고 싶다"와 대응한다. 부정할 때는 "不想"으로 한다.

我想买衣服。

我不想买衣服。

我想和你见面。

我不想和你见面。

我又想哭又想笑。

※ …又…又…는 한국어로 "-하기도 하고, -하기도 한다"이다.

## 4 조동사 能

(1) 능력을 나타내며 한국어로 "-할 수 있다"와 대응한다. 부정할 때는 "不能"으로 한다.

我能说汉语。

你能说汉语吗?

我不能说汉语。

我不能给你幸福。

(2) 객관적인 가능성을 나타내며 한국어로 "-할 수 있다"와 대응한다. 부정할 때는 "不能"으로 한다.

我10点以前能回来。

下这么大雨，你能来吗?

这么晚了， 我不能去了。

(3) 허가를 나타내며 한국어로 "-해도 되다"와 대응한다. 일반적으로 의문문, 부정문에서 사용하고 부정할 때는 "不能"으로 한다.

这儿能游泳吗?

这儿不能游泳。

我能见见您的女儿吗?

我能不能在这儿坐一会儿?

## 5 조동사 可以

(1) 능력을 나타내며 "能"과 바꿔 쓸 수 있고 한국어로 "-할 수 있다"와 대응한다. 부정할 때는 "不可以"로 하지 않고 "不能"으로 하며 "不可以"는 금지의 뜻을 나타낸다. 의문문에서는 "可以…吗?"로 하지 않고 "能…吗?"로 한다.

我可以 / 能说汉语。

我不能说汉语。

你能说汉语吗?

我可以/能给你幸福。

我不能给你幸福。

你能给我幸福吗?

(2) 허가를 나타내며 한국어로 "-해도 되다"와 대응한다. 긍정문, 부정문, 의문문에서 두루 사용할 수 있으며 부정할 때는 "不可以"로 한다.

我可以进去吗?

你可以进去。

你不可以进去。

我可以在这儿吸烟吗?

你可以在这儿吸烟。

你不可以在这儿吸烟。

## 6 조동사 会

(1) 배워서 어떤 일을 할 수 있다. 한국어에서 "-할 줄 알다"와 대응하며 부정할 때는 "不会"로 한다.

我会骑自行车。

我不会骑自行车。

我会写毛笔字。

你不会写毛笔字。

(2) 미래에 대한 추측을 나타낸다. 한국어에서 "-할 것이다"와 대응하며 부정할 때는 "不会"로 한다. 조사 "的"와 같이 쓰는 경우가 많다.

他会来的。

明天不会下雨。

一切都会好起来的。

我们一定会成功的。

## 7 조동사 应该

(1) 당위성을 나타내며 마땅히 어떤 일을 해야 한다. 한국어에서 "-해야 하다"와 대응하며 부정할 때는 "不应该"로 하며 금지를 나타낸다.

我应该早点儿起床。

你应该听妈妈的话。

你不应该走。

你不应该撒谎。

(2) 추측을 나타내며 한국어에서 "-할 것이다, -ㄹ 것 같다"와 대응한다. 추측하는 확실한 정도가 "会"보다 약하고 "可能"보다 강하다.

他们应该已经出发了。

他应该挨老师的批评了。

那个孩子应该15岁了。

这个时间他应该不在家。

## 8 조동사 得

구어체에서 많이 쓰이며 마땅히 어떤 일을 해야 한다. 한국어에서 "-해야 하다"와 대응하며 부정할 때는 "不应该"로 한다.

我现在得出发了。

你现在不应该出发。

我得戒烟了。

你得学开车。

MEMO

연습문제 练习

# 1 기초작문

※ 조동사

(1) 나는 선생님이 되고 싶어요.

→ ______

(2) 나는 당신을 도와주려고 해요.

→ ______

(3) 나는 혼자 있고 싶어요.

→ ______

(4) 나는 내일 돌아올 수 있어요.

→ ______

(5) 내 여동생은 프랑스를 할 줄 알아요.

→ ______

(6) 지금부터 질문을 해도 돼요.

→ ______

(7) 오늘은 은행이 쉴 것 같아요.

→ ______

(8) 내 남편은 담배를 피울 줄 몰라요.

→ ______

(9) 그는 틀림없이 지각하지 않을 거예요.

➜ ____________________

(10) 밥을 먹은 후에 양치질해야 해요.

➜ ____________________

(11) 나는 당신과 헤어지고 싶어요.

➜ ____________________

(12) 나는 정말로 잘 할 수 있어요.

➜ ____________________

(13) 당신은 그와 같이 있지 마세요.

➜ ____________________

(14) 여기서 큰 소리로 말하면 안 돼요.

➜ ____________________

(15) 당신이 나를 좀 도와 줄 수 있나요?

➜ ____________________

(16) 아이는 엄마의 말을 들어야 해요.

➜ ____________________

(17) 이번 시합에서 나는 우승을 쟁취하고 싶어요.

➜ ____________________

(18) 그는 당신 때문에 화났을 것 같아요.

➜ ____________________

(19) 할아버지는 문자를 보낼 줄 몰라요.

→ ______________________________

(20) 나는 3개국 언어를 할 수 있어요.

→ ______________________________

## 2 단어를 배열하여 문장을 만들기

(1) 我　会　排球　不　打

→ ______________________________

(2) 早点儿　你　得　出发

→ ______________________________

(3) 学生　喝酒　应该　不

→ ______________________________

(4) 我　这条　吗　试试　裤子　能

→ ______________________________

(5) 不　可以　时　大声　看电影　说话

→ ______________________________

## 3 틀린 문장을 고치기

(1) 我想很吃面包。

➜ ______

(2) 我不可以说英语。

➜ ______

(3) 我用汉语想说话。

➜ ______

(4) 我不要努力学习。

➜ ______

(5) 这件衣服怎么可以这么漂亮呢？

➜ ______

## 4 심화작문

(1) 나는 이번 주말에 친구들과 등산 가려고 해요.

➜ ______

(2) 감기에 걸렸으면 물을 많이 먹어야 해요.

➜ ______

(3) 아프면 약을 먹어야 해요.

→ ______

(4) 오늘은 금요일이야. 늦게 자도 돼요.

→ ______

(5) 이 아이가 2살인데 아직 걸을 줄 몰라요.

→ ______

(6) 선생님도 그렇게 완벽하지 않을 거예요.

→ ______

(7) 학생은 학교 규정을 따라야 해요.

→ ______

(8) 나는 이번에 꼭 1등 할 거예요.

→ ______

(9) 이 세상에서 나는 오직 당신과만 결혼하고 싶어요.

→ ______

(10) 나는 1시간에 10km 뛸 수 있어요.

→ ______

(11) 그는 춤도 출 줄 알고 노래도 부를 줄 알아요.

→ ______

(12) 엄마가 오기 전에 나는 방을 청소해야 해요.

→ ______

(13) 생각만 하면 안 되고 실천해야 해요.

➜ ______________________________

(14) 당신의 아들은 틀림없이 당신을 실망 시키지 않을 거예요.

➜ ______________________________

(15) 당신은 한 끼에 만두를 몇개 먹을 수 있어요?

➜ ______________________________

(16) 죄송하지만 제가 계속 말해도 돼요?

➜ ______________________________

(17) 중국에서 핸드폰을 사면 할부할 수 없어요.

➜ ______________________________

(18) 그녀는 그 회색 옷을 더 좋아할 것 같아요.

➜ ______________________________

(19) 밤에 혼자서 집에 가면 조심해야 해요.

➜ ______________________________

(20) 당신은 내일 인민대표대회에 참석하러 가도 돼요.

➜ ______________________________

# 第8课

# 정도보어

## 학습내용

정도보어
사역문

## 生词 I

| | | | |
|---|---|---|---|
| □■踢 | tī | 동 | 차다 |
| □■篮球 | lánqiú | 명 | 농구 |
| □■流利 | liúlì | 형 | 유창하다 |
| □■厉害 | lìhai | 형 | 대단하다, 굉장하다 |
| □■跑步 | pǎobù | 동 | 달리기 하다 |
| □■以前 | yǐqián | 명 | 이전, 예전 |
| □■上次 | shàngcì | 명 | 지난번, 저번 |
| □■年轻 | niánqīng | 형 | 젊다, 어리다 |
| □■吓 | xià | 동 | 무서워하다, 두려워하다 |
| □■敢 | gǎn | 동 | 자신 있게 ~하다, 과감하게 ~하다 |
| □■背 | bèi | 동 | 외우다 |
| □■痛苦 | tòngkǔ | 형 | 고통스럽다, 괴롭다 |
| □■酱油 | jiàngyóu | 명 | 간장 |
| □■离开 | líkāi | 동 | 떠나다, 헤어지다 |
| □■伤心 | shāngxīn | 동 | 슬퍼하다, 상심하다 |
| □■其实 | qíshí | 부 | 사실 |
| □■开心 | kāixīn | 형 | 즐겁다, 기쁘다 |
| □■棒 | bàng | 형 | 훌륭하다 |
| □■网球 | wǎngqiú | 명 | 테니스 |
| □■煮 | zhǔ | 동 | 끓이다 |
| □■方便面 | fāngbiànmiàn | 명 | 라면 |
| □■大夫 | dàifu | 명 | 의사 |

| | | | |
|---|---|---|---|
| ☐■甜食 | tiánshí | 명 | 단 음식 |
| ☐■关 | guān | 동 | 끄다 |
| ☐■火车站 | huǒchēzhàn | 명 | 기차역 |
| ☐■接 | jiē | 동 | 마중하다 |
| ☐■锻炼 | duànliàn | 동 | 단련하다 |
| ☐■排球 | páiqiú | 명 | 배구 |
| ☐■刮 | guā | 동 | (바람을) 불다 |
| ☐■连 | lián | 개 | …조차 |
| ☐■清楚 | qīngchǔ | 형 | 뚜렷하다 |
| ☐■忘 | wàng | 동 | 잊다 |
| ☐■安静 | ānjìng | 형 | 조용하다 |
| ☐■好像 | hǎoxiàng | 부 | 마치 ~과 같다 |
| ☐■游戏 | yóuxì | 명 | 게임 |
| ☐■妻子 | qīzi | 명 | 아내 |
| ☐■鲜花 | xiānhuā | 명 | 생화, 신선한 꽃 |
| ☐■校园 | xiàoyuán | 명 | 캠퍼스 |
| ☐■变 | biàn | 동 | 변하다, 바뀌다 |
| ☐■人品 | rénpǐn | 명 | 인품 |
| ☐■感动 | gǎndòng | 동 | 감동하다 |
| ☐■整个 | zhěnggè | 명 | 온, 완전한 것 |
| ☐■并 | bìng | 부 | 결코, 전혀 |

# 试试看

1 나는 영어를 잘 해요.

➜ ____________________

2 그는 축구를 잘 못해요.

➜ ____________________

3 할아버지는 일찍 자요.

➜ ____________________

4 비가 많이 와요.

➜ ____________________

5 엄마가 나에게 일찍 일어나라고 해요.

➜ ____________________

6 선생님이 학생에게 열심히 공부하라고 해요.

➜ ____________________

# 语法说明

## 1 · 정도보어

동사 뒤에 쓰이면서 앞에 있는 동사를 보충 설명하는 성분을 '보어'라고 한다. 보어는 정도보어, 결과보어, 방향보어, 가능보어, 시량보어, 동량보어 등이 있다. 정도보어는 동사 뒤에서 동작이 이루어낸 정도에 대해서 보충 설명하는 것이며 주로 형용사로 사용된다. 그 구조는 아래와 같다.

주어 + (동사) + 목적어 + 동사 + 得 + 정도보어

我说日语说得好。

他游泳游得慢。

你做菜做得好。

他骑自行车骑得快。

정도보어 구문에서 정도를 수식하는 부사, 부정을 나타내는 부사 "不" 등은 정도보어 앞에 쓰인다.

他打篮球打得特别好。

我说汉语说得比较流利。

他跑步跑得不快。

他喝酒喝得不厉害。

정도보어 구문의 의문문은 정반의문문, 시비의문문, 의문사 "怎么样" 등으로 이루어질 수 있다.

你游泳游得好不好？

你抽烟抽得厉不厉害？

他跑步跑得快吗？

你唱歌唱得怎么样？

他说汉语说得怎么样？

"중국어에서는 형용사가 완료를 나타내는 동태조사 "了"와 같이 쓰지 않는다. 따라서 형용사로 이루어지는 정도보어 구문에서도 동태조사 "了"와 같이 쓰지 않는다."

我小时候唱歌唱得很好。

他以前汉语说得很流利。

我上次考试考得很好。

爷爷年轻的时候跑步跑得很快。

목적어가 길거나 복잡할 경우, 목적어를 강조하고자 할 경우, 목적어를 일반적으로 주어 앞에나 주어와 동사 사이에 놓는다.

这件事他做得很好。

汉语他说得不太好。

汉字我认识得很多。

我歌唱得不好，但舞跳得很好。

她棒球打得特别好。

정도보어는 일반적으로 형용사로 사용되지만 문장이나 부사로 사용될 때도 있다.

孩子吓得不敢一个人回家。

她气得说不出话来。

我衣服多得很。

最近物价贵得很。

## 2 사역문

사역문은 "어떤 사람에게 무엇을 하게 하거나 어떤 사물을 어떤 상태로 만들다"는 의미를 나타낸다. 동작 행위는 주어가 행하는 것이 아니고 목적어1이 행하는 것이다. 사역문은 구어체에서 "使"보다는 "叫 / 让"을 더 많이 사용한다. 구조는 아래와 같다.

주어 + 使 / 叫 / 让 + 목적어1 + 동사 + 목적어2

妈妈让孩子吃饭。

老师让学生们背单词。

我的病使我很痛苦。

爸爸叫孩子去买酱油。

부사, 부정 부사, 조동사는 "使 / 叫 / 让" 앞에 놓아야 한다.

他的离开没有使我伤心。

大夫不让我抽烟，喝酒。

爸爸想让儿子努力学习。

我其实没有叫他等我。

연습문제 练习

# 1 기초작문

## ❊ 정도보어

(1) 나는 수영을 잘 해요.

➜ ______________________________

(2) 나는 빨리 뛰어요.

➜ ______________________________

(3) 아이들이 즐겁게 놀아요.

➜ ______________________________

(4) 할머니는 천천히 걸어요.

➜ ______________________________

(5) 그는 말을 정확하게 했어요.

➜ ______________________________

(6) 그는 밥을 많이 먹어요.

➜ ______________________________

(7) 나는 어제 잘 잤어요.

➜ ______________________________

(8) 나는 일찍 일어나요.

➜ ______________________________

(9) 나는 라면을 맛있게 끓여요.

➜ ____________________

(10) 우리 선생님은 중국어를 잘 가르쳐요.

➜ ____________________

(11) 그는 오늘 일찍 왔어요.

➜ ____________________

(12) 우리 딸은 밥을 많이 안 먹어요.

➜ ____________________

(13) 그녀는 그림을 굉장히 잘못 그려요.

➜ ____________________

※ 사역문

(14) 엄마가 아이에게 천천히 걸어가라고 해요.

➜ ____________________

(15) 아빠가 나에게 밥을 먹으라고 해요.

➜ ____________________

(16) 선생님이 나에게 말을 못하게 해요.

➜ ____________________

(17) 의사가 나에게 단 음식을 먹지 말라고 해요.

➜ ____________________

(18) 엄마가 나에게 에어컨을 끄라고 해요.

➜ ______________________________

(19) 친구가 나에게 기차역에 가서 그녀를 마중하라고 해요.

➜ ______________________________

(20) 의사가 나에게 매일 신체 단련하라고 해요.

➜ ______________________________

## 2 단어를 배열하여 문장을 만들기

(1) 他 好 得 排球 打 不好

➜ ______________________________

(2) 你 踢 怎么样 踢 得 球

➜ ______________________________

(3) 笑 真 她 开心 得

➜ ______________________________

(4) 汉语 真 说 你 棒 得

➜ ______________________________

(5) 做菜 做 好 你 得 不 好吃

➜ ______________________________

## 3 틀린 문장을 고치기

(1) 你打不打篮球打得好？

➜ ______________________

(2) 我英语不说得好。

➜ ______________________

(3) 他骑自行车得好。

➜ ______________________

(4) 你与字得怎么样？

➜ ______________________

(5) 她写作业得很慢。

➜ ______________________

## 4 심화작문

(1) 나는 배구를 잘 못하지만 테니스는 잘 합니다.

➜ ______________________

(2) 나는 옛날에 늦게 자고 일찍 일어났어요.

➜ ______________________

(3) 바람이 많이 불지만 날씨는 춥지 않아요.

➜ ______________________________

(4) 엄마는 노래를 잘 부르지만 자주 부르지는 않아요.

➜ ______________________________

(5) 나는 어렸을 때부터 피아노를 잘 쳤어요.

➜ ______________________________

(6) 요즘 나는 매우 바빠요. 밥조차 먹을 시간이 없어요.

➜ ______________________________

(7) 나는 눈이 아플 정도로 책을 봤어요.

➜ ______________________________

(8) 그는 담배를 많이 피워요. 그러나 술은 많이 안 마셔요.

➜ ______________________________

(9) 이 아이가 말을 뚜렷하게 해서 나는 다 알아들었어요.

➜ ______________________________

(10) 나는 영어를 잘 못하는데, 너는 어때?

➜ ______________________________

(11) 그는 너무 기뻐서 집에 가는 것조차도 잊어버렸어요.

➜ ______________________________

(12) 방에는 마치 한 사람도 없는 듯이 조용해요.

➜ ______________________________

(13) 그의 병이 그를 고통스럽게 해요.

➜ ______________________________

(14) 아빠는 아들이 게임을 못하게 해요.

➜ ______________________________

(15) 아내가 나에게 마트에 가서 고기를 사오라고 해요.

➜ ______________________________

(16) 그들의 헤어짐은 그를 고통스럽게 해요.

➜ ______________________________

(17) 신선한 꽃은 캠퍼스를 더 예뻐지게 해요.

➜ ______________________________

(18) 당신의 인품은 늘 나를 감동하게 해요.

➜ ______________________________

(19) 이번에 내린 눈은 온 캠퍼스를 하얗게 했어요.

➜ ______________________________

(20) 아들의 돌아옴은 결코 부모를 기쁘게 하지 못했어요.

➜ ______________________________

MEMO

# 第9课
# 결과보어

## 학습내용

결과보어

## 生词 I

|  |  |  |  |
|---|---|---|---|
| 票 | piào | 명 | 표 |
| 汽车 | qìchē | 명 | 자동차 |
| 修理 | xiūlǐ | 동 | 수리하다 |
| 卖 | mài | 동 | 팔다 |
| 解释 | jiěshì | 동 | 설명하다, 해석하다 |
| 修 | xiū | 동 | 수리하다, 고치다 |
| 梨 | lí | 명 | 배 |
| 瓜子 | guāzi | 명 | 해바라기 씨 |
| 香瓜 | xiāngguā | 명 | 참외 |
| 骂 | mà | 동 | 욕하다, 혼내다 |
| 一直 | yìzhí | 부 | 줄곧 |
| 嗓子 | sǎngzi | 명 | 목 |
| 终于 | zhōngyú | 부 | 마침내 |
| 机场 | jīchǎng | 명 | 공항 |
| 客户 | kèhù | 명 | 거래처 |
| 大海 | dàhǎi | 명 | 바다 |
| 脸 | liǎn | 명 | 얼굴 |
| 遍 | biàn | 양 | 번, 차례, 회 |
| 机票 | jīpiào | 명 | 비행기 표 |
| 搬 | bān | 동 | 옮기다, 이사하다 |
| 椅子 | yǐzi | 명 | 의자 |
| 叫 | jiào | 동 | 부르다 |

| | | | |
|---|---|---|---|
| 睡醒 | shuìxǐng | 동 | 잠에서 깨다 |
| 意思 | yìsi | 명 | 뜻, 의미 |
| 巴士 | bāshì | 명 | 버스 |
| 题 | tí | 명 | 문제 |
| 道 | dào | 양 | 문제를 세는 단위 |
| 需要 | xūyào | 동 | 필요하다 |
| 材料 | cáiliào | 명 | 자료 |
| 脏 | zāng | 형 | 더럽다 |
| 一口气 | yìkǒuqì | 부 | 단숨에 |
| 偷 | tōu | 동 | 훔치다 |
| 寄 | jì | 동 | 부치다 |
| 散场 | sànchǎng | 동 | (영화, 연극 등이) 끝나다, 관중들이 자리를 떠나다. |
| 饱 | bǎo | 형 | 배 부르다 |
| 整理 | zhěnglǐ | 동 | 정리하다 |
| 病床 | bìngchuáng | 명 | 병상 |

# 试试看

1 나는 숙제를 다 했어요.

➜ ______________________

2 그는 방 청소를 깨끗하게 했어요.

➜ ______________________

3 나는 전화를 잘못 걸었어요.

➜ ______________________

4 영화표를 다 팔았어요.

➜ ______________________

5 나는 핸드폰을 못 찾았어요.

➜ ______________________

6 자동차 수리를 아직 다 못 했어요.

➜ ______________________

# 语法说明

## 1. 결과보어

동작의 결과가 어떻게 되었는지를 설명하는 보어를 결과보어라고 한다. 결과보어는 일반적으로 동사나 형용사로 사용되고 구조는 아래와 같다.

**주어 + 동사 + 결과보어 + 목적어**

我洗完衣服了。

他穿错衣服了。

你找对人了。

我准备好了，出发！

결과보어는 발생된 결과에 대해서 이야기하는 경우가 많기 때문에 일반적으로 과거시제에 많이 사용되고 부정할 때는 부정 부사 "没"가 사용된다.

我没修好自行车。

我没吃完饭。

他没解释清楚。

他昨晚没睡好。

결과보어와 그 앞에 있는 동사 사이에는 어떤 문장성분(동태조사 "了", 목적어 등)도 들어갈 수 없다.

我吃了完饭。(×) 我吃完了饭。(○)

我修自行车好了。(×) 我修好自行车了。(○)

결과보어로 쓰이는 동사나 형용사가 상당히 많다. 각각 특정한 의미를 가지고 있다.

完 : 완료

吃完饭了。　　喝完茶了。

好 : 좋은 결과로 끝남

自行车修好了。　　衣服穿好了。

错 : 틀림

电话打错了。　　你走错路了。

对 : 맞음

你说对了。　　你想对了。

干净 : 깨끗함

房间打扫干净了。　　黑板擦干净了。

清楚 : 뚜렷함

我看清楚了。　　你听清楚了吗？

光 : 없어짐, 비움

梨都卖光了。　　瓜子都吃光了。

没： 없어짐

面包吃没了。 香瓜卖没了。

住： 멈춤

站住！ 我记住你了。

晚： 늦음

我来晚了。 今天起晚了。

懂： 이해함

我听懂了。 他看懂了。

走： 나감, 사라짐

飞机飞走了。 他被骂走了。

见： 보임

我看见你的妹妹了。你听见了吗?

在： 어떤 사물을 어느 장소에 처하게 함.

放在家里。 我住在首尔。

到 : (1) 동사 뒤에 쓰여 "어느 장소까지", "어느 시간까지", "어느 정도까지" 이르렀다는 의미를 나타낸다.

我昨天晚上看书看到12点。

她回到家，就给我打了一个电话。

她唱歌一直唱到嗓子疼。

(2) 동사 뒤에 쓰여 동작의 목적을 달성했음을 나타낸다.

我终于找到钱包了。

我去机场接到了客户。

我终于看到大海了。

※ "我找他了。"와 "我找到他了。"의 차이점을 이야기해 보세요.

MEMO

연습문제 练习

# 1 기초작문

※ 결과보어

(1) 나는 밥을 다 했어요.

→ ______

(2) 사과는 다 팔렸어요.

→ ______

(3) 나는 가방을 잘못 가지고 왔어요.

→ ______

(4) 기숙사를 깨끗하게 청소했어요.

→ ______

(5) 당신이 하는 말을 알아들었어요.

→ ______

(6) 그는 시계를 고쳤어요.

→ ______

(7) 나는 일자리를 찾았어요.

→ ______

(8) 나는 그의 얼굴을 뚜렷하게 보았어요.

→ ______

(9) 그는 이 단어를 기억하지 못했어요.

➔ ______

(10) 우리는 제4과까지 배웠어요.

➔ ______

(11) 나는 뚜렷하게 못 들어서 한번만 더 말씀해 주세요.

➔ ______

(12) 나는 찾아봤는데 못 찾았어요.

➔ ______

(13) 나는 먹기는 먹었는데 다 먹지 못했어요.

➔ ______

(14) 나는 팔기는 팔았는데 다 팔지 못했어요.

➔ ______

(15) 나는 집에 가는 비행기 표를 샀어요.

➔ ______

(16) 우리 집은 서울로 이사했어요.

➔ ______

(17) 누나가 의자에 앉았어요.

➔ ______

(18) 나는 그를 못 봤어요.

➔ ______

(19) 당신은 사람을 잘못 봤어요.

➜ ______

(20) 나는 선물을 사 놨어요.

➜ ______

## 2 단어를 배열하여 문장을 만들기

(1) 他 吃 晚饭 就 完 走

➜ ______

(2) 我 篮球 了 接 住

➜ ______

(3) 我 你的 没 名字 记 住

➜ ______

(4) 到 她 男朋友 找 了

➜ ______

(5) 我 你 洗 衣服 去 找 干净 以后

➜ ______

연습문제

# 练习

## 3 틀린 문장을 고치기

(1) 别叫我，我还没睡完。

➜

(2) 我看题错了。

➜

(3) 你找到我干什么？

(4) 你看我的手机了吗？

➜

(5) 我没听你的意思。

➜

## 4 심화작문

(1) 나는 버스를 탄 후에 비로소 잘못 탄 것을 알게 되었어요.

➜

(2) 어제 시험에 나는 두 문제를 잘 못 풀었어요.

➜

(3) 미안합니다. 제가 1시간 늦었습니다.

➜ ______________________________

(4) 당신이 필요한 자료를 이미 준비해 놓았어요.

➜ ______________________________

(5) 옷이 이렇게 더러운데 깨끗이 빨 수 있나요?

➜ ______________________________

(6) 나는 오늘 학교에서 10시까지 있다가 비로소 집에 들어왔어요.

➜ ______________________________

(7) 그는 단숨에 집까지 뛰어갔어요.

➜ ______________________________

(8) 그는 준비해 놓은 선물을 부쳤어요.

➜ ______________________________

(9) 내가 집에 갔을 때 그 아이는 게임을 하고 있는 것을 봤어요.

➜ ______________________________

(10) 내 룸메이트가 내 지갑을 훔쳐갔어요.

➜ ______________________________

(11) 나는 그가 나에게 보내 준 선물을 받았어요.

➜ ______________________________

(12) 영화가 끝났어요. 사람들이 다 가 버렸어요.

➜ ______________________________

(13) 밥을 다 먹었어요. 그러나 아직 배가 안 불러요.

➜ ______________________________

(14) 그 사람이 뭐라고 말하고 있는지를 저는 뚜렷하게 못 들었어요.

➜ ______________________________

(15) 나의 아내는 어렸을 때부터 중국에서 살았어요.

➜ ______________________________

(16) 그는 짐을 다 정리하고 공항에 갔어요.

➜ ______________________________

(17) 나는 안경을 하루 종일 찾았는데 못 찾았어요.

➜ ______________________________

(18) 나는 한 시간 동안 단어를 외웠는데 하나도 기억하지 못했어요.

➜ ______________________________

(19) 방을 깨끗하게 청소하지도 않고 엄마는 나가셨어요.

➜ ______________________________

(20) 아들이 병상 앞에 앉아 있는데 말을 한마디도 안 해요.

➜ ______________________________

# 第10课

# "把" 자구

## 학습내용

"把" 자구

## 生词 I

| | | | |
|---|---|---|---|
| 关上 | guānshang | 동 | 닫다 |
| 书桌 | shūzhuō | 명 | 책상 |
| 垃圾 | lājī | 명 | 쓰레기 |
| 扔 | rēng | 동 | 버리다 |
| 照相机 | zhàoxiàngjī | 명 | 카메라 |
| 弄 | nòng | 동 | 하다, 만들다 |
| 坏 | huài | 형 | 나쁘다 |
| 擦 | cā | 동 | 닦다 |
| 拉 | lā | 동 | 당기다 |
| 花盆 | huāpén | 명 | 화분 |
| 项链 | xiàngliàn | 명 | 목걸이 |
| 封 | fēng | 양 | 통, 편지를 세는 양사 |
| 娃娃 | wáwa | 명 | 인형 |
| 不久 | bùjiǔ | 부 | 머지않아, 곧 |
| 农村 | nóngcūn | 명 | 농촌 |
| 停车场 | tíngchēchǎng | 명 | 주차장 |
| 衣柜 | yīguì | 명 | 옷장 |
| 瓶子 | píngzi | 명 | 병 |
| 原位 | yuánwèi | 명 | 원위치 |
| 交 | jiāo | 동 | 제출하다 |
| 递 | dì | 동 | 건네다 |
| 营业员 | yíngyèyuán | 명 | 판매원 |

| | | | |
|---|---|---|---|
| ☐■贴 | tiē | 동 | 붙이다 |
| ☐■信封 | xìnfēng | 명 | 봉투, 편지봉투 |
| ☐■安全带 | ānquándài | 명 | 안전띠 |
| ☐■系 | jì | 동 | 매다 |
| ☐■打开 | dǎkāi | 동 | (스위치 등을) 켜다 |
| ☐■电池 | diànchí | 명 | 건전지 |
| ☐■插 | chā | 동 | 꽂다, 삽입하다 |
| ☐■嘴 | zuǐ | 명 | 입 |
| ☐■张开 | zhāngkāi | 동 | 열다 |
| ☐■月亮 | yuèliang | 명 | 달 |
| ☐■地图 | dìtú | 명 | 지도 |
| ☐■箱子 | xiāngzi | 명 | 트렁크 |
| ☐■受伤 | shòushāng | 동 | 부상당하다 |
| ☐■人民币 | rénmínbì | 명 | 인민폐, 중국 돈 |
| ☐■日期 | rìqī | 명 | 날짜, 기간 |
| ☐■仓库 | cāngkù | 명 | 창고 |
| ☐■积分 | jīfēn | 명 | 누계점수, 마일리지 |
| ☐■闹钟 | nàozhōng | 명 | 알람시계 |
| ☐■床头柜 | chuángtóuguì | 명 | 협탁 |
| ☐■想法 | xiǎngfǎ | 명 | 생각 |
| ☐■军人 | jūnrén | 명 | 군인 |
| ☐■牌子 | páizi | 명 | 간판 |

# 试试看

1 나는 창문을 닫았어요.

→ ____________________

2 그는 방 청소를 깨끗하게 했어요.

→ ____________________

3 그는 오늘의 숙제를 다 하지 못했어요.

→ ____________________

4 나는 당신을 안 잊었어요.

→ ____________________

5 나는 여자 친구를 집까지 바래다주었어요.

→ ____________________

6 나는 책을 책상 위에 놓았어요.

→ ____________________

# 语法说明

## 1. "把" 자구

중국어에서 목적어의 위치는 동사의 뒤에 있다. "把"를 사용하여 목적어를 주어 뒤, 동사 앞으로 이동하여 쓰는 구문을 "把" 자구라고 한다. "把" 자구는 일반적으로 "목적어"와 "목적어를 어떻게 처리했는지"를 강조한다. "把" 자구의 어순은 아래와 같다.

주어 + 把 + 목적어 + (给)동사 + 기타성분(결과보어 등)

我把面包(给)吃了。

他把衣服(给)穿错了。

我把垃圾(给)扔了。

他把照相机(给)弄坏了。

(1) "把" 뒤에 나오는 목적어는 화자와 청자가 다 아는 대상, 혹은 내용이어야 한다.

我把自行车修好了。

我把剩饺子给吃了。

(2) "把" 자구의 동사 뒤에 반드시 기타성분이 있어야 한다. 기타성분은 일반적으로 결과보어로 많이 사용되고 방향보어, 완료를 나타내는 동태조사 "了", 이중목적어, 동사의 중첩 등도 사용된다.[6]

---

6 刘月华 · 潘文娱 외(2001), <实用现代汉语语法>, p.737, 참조.

결과보어 : 我把书包擦干净了。
你把这件事说清楚。

방향보어 : 我把自行车拉上来了。
你把那个花盆搬进来。

동태조사 "了" : 我把衣服洗了。
我把面包吃了。

이중목적어 : 你把报纸给我。
我把项链借你。

동사의 중첩 : 你把这封信读读。
你把这个问题解决解决。

(3) "把"자구의 부사, 부정 부사, 조동사 등은 "把" 앞에 사용된다.

我没把窗户关上。
你别把我的娃娃弄坏了。
他不久就把我忘了。
他想把事情做好。

(4) 특정한 결과보어 "到、回、成、给、在" 등은 반드시 "把"를 사용하여 목적어를 동사 앞에 써야 한다.

到： "어느 장소까지", "어느 시간까지", "어느 정도까지" 이름.

我把朋友带到了医院。

他把苹果卖到农村。

我把女朋友送到家。

他把车停到停车场。

回： 원래 있던 장소로 돌아감.

你把书放回书包里。

他把衣服放回衣柜里。

请你把这个瓶子摆回原位。

我把孩子带回家。

成： 어떤 것이 됨, 어떤 것으로 바꿈.

我把汉语翻译成英语了。

我把那个男人看成女人了。

我把四听成了十。

他把人写成了大。

给： 어떤 사람에게 넘겨짐.

他把生日礼物送给女朋友了。

我把作业交给老师了。

我把钱递给营业员了。

他把书借给你了。

在 :　어느 위치에 처함.

我把书放在书桌上了。

我把这句话写在本子上。

他把表挂在墙上。

他把邮票贴在信封上。

MEMO

# 1 기초작문

※ "把" 자구

(1) 나는 안전벨트를 잘 매었어요.

→ ______________________________

(2) 카메라를 빨리 주세요.

→ ______________________________

(3) 아이들이 옷을 잘 입었어요.

→ ______________________________

(4) TV를 켜세요.

→ ______________________________

(5) 나는 건전지를 꽂았어요. (插上를 이용할 것)

→ ______________________________

(6) 입을 열어보세요.

→ ______________________________

(7) 어제 나는 숙제를 가방 안에 넣었어요.

→ ______________________________

(8) 나는 달을 해로 봤어요.

→ ______________________________

(9) 나는 이 책을 중국어로 번역했어요.

➜ ______

(10) 그는 지도를 벽에 걸었어요.

➜ ______

(11) 나는 아이를 유치원에 보냈어요.

➜ ______

(12) 나는 10시를 4시로 들었어요.

➜ ______

(13) 그녀는 어제의 숙제를 선생님에게 제출했어요.

➜ ______

(14) 나는 학생을 선생님으로 봤어요.

➜ ______

(15) 나는 자전거를 친구에게 줬어요.

➜ ______

(16) 당신은 꼭 중국어를 잘 해야 해요.

➜ ______

(17) 그는 트렁크를 가지고 갔어요.

➜ ______

(18) 그는 만년필을 고장 냈어요. (弄坏를 이용할 것)

➜ ______

(19) 당신은 그 사람을 잘못 봤어요.

➜ ________________

(20) 나는 선물을 사 놓았어요.

➜ ________________

## 2 단어를 배열하여 문장을 만들기

(1) 把　开开　请　灯

➜ ________________

(2) 给我　你　报纸　把

➜ ________________

(3) 把　书　了　你　吗　拿出来

➜ ________________

(4) 请　和　钱包　我　手机　把　给

➜ ________________

(5) 把　给　卖　他　苹果　了

➜ ________________

연습문제

# 练习

## 3 틀린 문장을 고치기

(1) 我把书包里的书没拿出来。

→

(2) 请把药快喝了。

→

(3) 我放在书桌上书。

→

(4) 我把书看。

→

(5) 我把受伤的老人送在医院了。

→

## 4 심화작문

(1) 교실의 공기가 안 좋아요. 창문을 열어요.

→

(2) 집에 들어간 후에 손을 깨끗이 씻어야 해요.

→

(3) 나는 이미 이 일을 당신에게 알려 드렸어요.

➜ ______________________________

(4) 나는 한국 돈을 인민폐로 바꾸었어요.

➜ ______________________________

(5) 방이 매우 추워요. 저 옷을 저에게 건네주세요.

➜ ______________________________

(6) 나는 1000위안은 한국 돈으로 바꾸었고 1000위안은 달러로 바꾸었어요.

➜ ______________________________

(7) 나는 어제 편지를 차에 놓았어요.

➜ ______________________________

(8) 건강을 위해서 나는 담배를 끊어야겠어요.

➜ ______________________________

(9) 이 아이는 키가 커요. 나는 그를 어른으로 보았어요.

➜ ______________________________

(10) 나는 운전해서 친구를 공항까지 배웅해 주었어요.

➜ ______________________________

(11) 선생님이 시험 날짜를 잘못 말했어요.

➜ ______________________________

(12) 그는 짐을 집으로 보내려고 해요.

➜ ______________________________

(13) 그는 안 쓰는 책을 창고로 옮겼어요.

➜ ______________________________

(14) 나는 카드에 있는 마일리지를 돈으로 바꾸었어요.

➜ ______________________________

(15) 내 아내가 빌린 돈을 그에게 갚았어요.

➜ ______________________________

(16) 잠자기 전에 나는 알람시계를 협탁에 놓았어요.

➜ ______________________________

(17) 당신의 생각을 나에게 알려 주세요.

➜ ______________________________

(18) 나는 컴퓨터를 택시에 두고 내렸어요.

➜ ______________________________

(19) 미국은 한국 군인을 한국으로 보냈어요.

➜ ______________________________

(20) 내가 간판을 어디에 걸어 놓아야 해요?

➜ ______________________________

# 第11课

# 방향보어

## 학습내용

방향보어

## 生词 I

| | | | |
|---|---|---|---|
| 蔬菜 | shūcài | 명 | 야채 |
| 丢失 | diūshī | 동 | 잃어버리다 |
| 讲台 | jiǎngtái | 명 | 교단, 강단 |
| 沈阳 | Shěnyáng | 고 | 심양 |
| 特产 | tèchǎn | 명 | 특산 |
| 黄山 | Huángshān | 고 | 황산 |
| 光荣 | guāngróng | 형 | 영광스럽다 |
| 登上 | dēngshàng | 동 | 올라서다 |
| 奖台 | jiǎngtái | 명 | 시상대 |
| 祖国 | zǔguó | 명 | 조국 |
| 患者 | huànzhě | 명 | 환자 |
| 病房 | bìngfáng | 명 | 병실 |
| 举 | jǔ | 동 | 들다 |
| 滑梯 | huátī | 명 | 미끄럼틀 |
| 滑 | huá | 동 | 미끄러지다 |
| 故事 | gùshi | 명 | 이야기, 옛날이야기 |
| 古代 | gǔdài | 명 | 고대 |
| 流传 | liúchuán | 동 | 유전하다, 대대로 전해 내려오다 |
| 跳 | tiào | 동 | 뛰다 |
| 深 | shēn | 형 | 깊다 |
| 念 | niàn | 동 | 읽다 |
| 生活 | shēnghuó | 동 | 생활하다, 살다 |

| | | | |
|---|---|---|---|
| 铃 | líng | 명 | 벨 |
| 响 | xiǎng | 동 | 울리다 |
| 虫子 | chóngzi | 명 | 벌레 |
| 座 | zuò | 양 | 산을 세는 단위 |
| 按钮 | ànniǔ | 명 | 버튼 |
| 按 | àn | 동 | 누르다 |
| 风筝 | fēngzhēng | 명 | 연 |
| 粉笔 | fěnbǐ | 명 | 분필 |
| 抽 | chōu | 동 | 뽑다 |
| 手纸 | shǒuzhǐ | 명 | 휴지 |
| 掏 | tāo | 동 | 꺼내다 |
| 水果 | shuǐguǒ | 명 | 과일 |
| 蝴蝶 | húdié | 명 | 나비 |
| 暖炉 | nuǎnlú | 명 | 난로 |
| 端 | duān | 동 | 들다 |
| 干洗店 | gānxǐdiàn | 명 | 세탁소 |
| 拔 | bá | 동 | 빼다, 뽑다 |
| 老家 | lǎojiā | 명 | 고향 |
| 裤兜 | kùdōu | 명 | 바지 주머니 |
| 灯泡 | dēngpào | 명 | 전구 |
| 摘 | zhāi | 동 | 따다, 꺾다 |
| 坚持 | jiānchí | 동 | 견지하다 |

# 试试看

1 그는 핸드폰을 가지고 왔어요.

→ ____________________

2 엄마가 야채를 좀 사왔어요.

→ ____________________

3 학생들이 교실로 걸어서 들어가요.

→ ____________________

4 일어서세요. 손님이 왔어요.

→ ____________________

5 한 아이가 뛰어왔어요.

→ ____________________

6 그는 필요한 책을 다 빌려왔어요.

→ ____________________

# 语法说明

## 1 방향보어

방향보어는 하나의 결과보어라고 할 수 있다. 단지 동작의 결과를 방향으로 나타낼 뿐이다. 방향보어는 "단순 방향보어"와 "복합 방향보어"로 나눈다. 단순 방향보어는 보어를 한 글자로 표현하고(예: 买来) 복합 방향보어는 두 글자 혹은 그 이상으로 표현한다(예: 买回来).
단순 방향보어가 사용된 문장의 목적어는 일반적으로 방향보어 뒤에 나온다.

我买来了桔子。

老师走进教室了。

我找回了丢失的小狗。

他走上讲台。

복합 방향보어가 사용된 문장의 목적어는 방향보어 뒤에 올 수도 있고 방향보어 사이에 올 수도 있다. 그러나 목적어가 "장소"인 경우는 반드시 방향보어 사이에 들어간다.

我买回来桔子了。　　我买回桔子来了。

他从沈阳给我买回来一个礼物。　　他从沈阳给我买回一个礼物来。

他一口气跑回家来。

他把北京特产寄回国去了。

단순 방향보어 : 来, 去, 上, 下, 过, 起, 进, 出, 走

来 : 말하는 사람을 향해 동작이 진행함.

我从图书馆借来了一本书。

他带来了很多礼物。

去 : 말하는 사람의 반대 방향으로 동작이 진행함.

汽车从他身边开去。

别忘了把东西带去。

上 : 아래에서 위로 동작이 진행함.

我爬上了黄山。

她光荣地登上了奖台。

下 : 위에서 아래로 동작이 진행함.

工作了一天，很累，回家就躺下了。

别着急，先坐下!

过 : 어느 장소를 통과함.

一个人刚从我身边走过。

飞过这片大海就是我的祖国。

起 : 아래에서 위로 올려줌.

他拿起书包出去了。

她抱起孩子跑了。

进 : 밖에서 안으로 행해짐.

我们一起走进了大学的校门。

护士把患者推进病房。

出 : 안에서 밖으로 행해짐.

他从书包里拿出了很多书。

你怎么能写出这么好的字?

복합 방향보어 : 上来, 上去, 下来, 下去, 进来, 进去, 出来, 出去, 回来, 回去, 过来, 过去, 起来

上来 : 아래에서 위로 올라옴.

孩子一点一点地爬上来了。

很快学生们就走上来了。

上去 : 아래에서 위로 올라감.

她慢慢地走上去了。

他把行李举上去了。

下来 : ① 위에서 아래로 내려옴.

他从楼上走下来了。

孩子从滑梯上滑下来了。

② 과거로부터 현재까지 계속됨.[7]

他还是活下来了。

这个故事从古代一直流传下来。

下去 : ① 위에서 아래로 내려감.

别跳下去，下边很深。

把药喝下去。

② 미래에까지 상황이 계속 이어짐.[8]

请把信继续念下去。

我们怎么才能生活下去?

进来 : 밖에서 안으로 들어옴.

她从外边走进房间来了。

你把行李拿进来吧。

7 李相度 · 南德铉 외(1997), <进明中韩词典>, p.1841, 참조.
8 李相度 · 南德铉 외(1997), <进明中韩词典>, p.1842, 참조.

进去 : 밖에서 안으로 들어감.

她走进房间去做作业了。

车能开进去吗?

出来 : 밖으로 나옴.

铃一响，孩子们就都从教室里跑出来了。

有话，你就说出来。

出去 : 밖으로 나감.

她一边和妈妈说话，一边跑出去了。

你把桌子搬出去。

回来 : 돌아옴.

自行车坏了，他从学校推回来了。

晚上我的丈夫把车开回来了。

回去 : 돌아감.

妈妈把孩子带回家去了。

我把书还回去了。

过来 : 말하는 사람을 향해 옴.

孩子向妈妈走过来。

你把杯子拿过来吧!

过去 : 지나감.

一个虫子从头上飞过去。

他慢慢地走过去了。

起来 : ① 일어남.

别总躺着，坐起来!

请站起来说话!

② 동작이나 상황이 시작되고 또한 계속됨.

天气冷起来了。

孩子笑起来了。

MEMO

# 1 기초작문

## ※ 단순 방향보어

(1) 그는 음료수를 한 병 사왔어요.

➜ ______

(2) 남동생이 방에서 걸어 나갔어요.

➜ ______

(3) 그는 모자를 들고 나갔어요. (방향보어 起를 이용할 것)

➜ ______

(4) 그녀는 혼자서 강의실로 들어가요.

➜ ______

(5) 나는 북경 특산물을 우리나라로 부쳤어요. (방향보어 回를 이용할 것)

➜ ______

(6) 5시 전에 돌아올 수 있나요?

➜ ______

(7) 당신은 앉아서 천천히 먹어요. (방향보어 下를 이용할 것)

➜ ______

(8) 오늘 할아버지는 8시에 바로 (침대에) 누웠어요. (방향보어 下를 이용할 것)

➜ ______

연습문제

# 练习

(9) 그는 그 산에 올라갔어요.

➜ ______________________

(10) 당신은 왜 이 방에서 나갔나요?

➜ ______________________

## ※ 복합 방향보어

(11) 빨리 뛰어 올라와.

➜ ______________________

(12) 천천히 걸어 내려가.

➜ ______________________

(13) 버튼을 누르세요. (방향보어 下去를 이용할 것)

➜ ______________________

(14) 연이 날아올랐어요. (방향보어 起来를 이용할 것)

➜ ______________________

(15) 그녀는 계단에서 걸어 내려왔어요.

➜ ______________________

(16) 그는 아이를 안아 올렸어요. (방향보어 起来를 이용할 것)

➜ ______________________

(17) 그녀는 옷을 많이 사 왔어요.

➜ ______________________

(18) 나는 쓰레기를 내버렸어요. (방향보어 出去를 이용할 것)

➜ ______________________________

(19) 숙제를 꺼내 주세요.

➜ ______________________________

(20) 지하철이 끊겼어요. 나는 혼자 걸어서 돌아왔어요.

➜ ______________________________

## 2 단어를 배열하여 문장을 만들기

(1) 请　粉笔　过来　把　拿

➜ ______________________________

(2) 抽出　一张　了　他　手纸

➜ ______________________________

(3) 掏　把　出来　你　看看　信

➜ ______________________________

(4) 给我　报纸　把　递　你　上来

➜ ______________________________

(5) 水果　我的　买　很多　同屋　回来

➜ ______________________________

## 3 틀린 문장을 고치기

(1) 我看见他走进去屋了。

➜ ______

(2) 你快把药喝下来。

➜ ______

(3) 你别跳上去，危险。

➜ ______

(4) 我买回去想看看。

➜ ______

(5) 好孩子，快走来。

➜ ______

## 4 심화작문

(1) 방금 나비 한 마리가 내 머리 위에서 날아 지나갔어요.

➜ ______

(2) 엄마가 나에게 먹을 것을 많이 보내 어요.

➜ ______

(3) 그녀는 핸드폰을 책가방에서 꺼냈어요.

→

(4) 자동차 한 대가 학교 정문으로부터 지나갔어요.

→

(5) 그는 일어서서 선생님에게 인사했어요.

→

(6) 날씨가 매우 추워요. 그는 나에게 난로 하나를 보냈어요.

→

(7) 그녀는 뛰어서 방으로 들어가 "엄마"라고 불렀어요.

→

(8) 그는 커피를 들고 위층으로 올라갔어요.

→

(9) 그는 아이들에게 책을 많이 가지고 왔어요.

→

(10) 이 커피를 사장님에게 갖다 드리세요. (화자의 위치 : 아래층)

→

(11) 나는 옷을 세탁소에서 찾아 왔어요.

→

(12) 나는 돈을 부치는 것을 잊었어요.

→

(13) 이 아이가 열쇠를 꽂아 놓았어요. (방향보어 上去를 이용할 것)

➜ ______________________________

(14) 나는 카드를 빼는 것을 잊었어요. (방향보어 下来를 이용할 것)

➜ ______________________________

(15) 나는 그녀가 서점에서 걸어서 나오는 것을 보았어요.

➜ ______________________________

(16) 이 산을 걸어 지나면 바로 나의 고향이에요.

➜ ______________________________

(17) 500 미터를 끝까지 뛸 수 있나요?

➜ ______________________________

(18) 그는 바지 주머니에서 펜 한 자루를 꺼냈어요.

➜ ______________________________

(19) 그는 전구를 빼냈어요. (방향보어 下来를 이용할 것)

➜ ______________________________

(20) 우리는 꼭 견지해 나가야 해요.

➜ ______________________________

# 第12课

# 가능보어

## 학습내용

가능보어1
가능보어2
피동문

# 生词 I

| | | | |
|---|---|---|---|
| 打碎 | dǎsuì | 동 | 부수다, 깨지다 |
| 锁 | suǒ | 동 | (자물쇠를) 잠그다, 채우다 |
| 血 | xuè | 명 | 피 |
| 撞 | zhuàng | 동 | 부딪치다 |
| 老公 | lǎogōng | 명 | 남편 |
| 改 | gǎi | 동 | 고치다 |
| 护照 | hùzhào | 명 | 여권 |
| 小偷 | xiǎotōu | 명 | 소매치기 |
| 猎人 | lièrén | 명 | 포수, 사냥꾼 |
| 抓 | zhuā | 동 | 잡다, 체포하다 |
| 蚊子 | wénzi | 명 | 모기 |
| 咬 | yǎo | 동 | 물다, 깨물다, 베물다 |
| 没收 | mòshōu | 동 | 몰수하다, 압수하다 |
| 装 | zhuāng | 동 | 담다, 싣다 |
| 烫 | tàng | 동 | 데다, 화상 입다 |
| 辈子 | bèizi | 명 | 한 평생, 일생 |
| 石头 | shítou | 명 | 돌 |
| 腰 | yāo | 명 | 허리 |
| 记住 | jìzhù | 동 | 확실히 기억해 두다 |
| 粮食 | liángshi | 명 | 식량 |
| 蛇 | shé | 명 | 뱀 |
| 警察 | jǐngchá | 명 | 경찰 |
| 怀疑 | huáiyí | 동 | 의심하다 |

## 试试看

1 나는 이 밥을 다 먹을 수 없어요.

→ ____________________

2 이 방 청소를 깨끗하게 할 수 없어요.

→ ____________________

3 나는 영화표를 구할 수 없어요.

→ ____________________

4 이 산은 내가 올라갈 수 없어요.

→ ____________________

5 내 안경이 룸메이트에 의해서 깨졌어요.

→ ____________________

6 딸이 엄마한테 혼났어요.

→ ____________________

# 语法说明

## 1 가능보어 1

동사와 결과보어, 혹은 방향보어 사이에 "得", 혹은 "不"를 사용하여 어떤 결과를 이룰 수 있는지, 없는지, 혹은 어떤 방향으로 동작을 진행할 수 있는지, 없는지를 나타낸다. 가능보어 구문의 목적어는 가능보어 뒤에 쓰이며 구조는 아래와 같다.

**동사** + **得/不** + **결과보어 / 방향보어** + **목적어**

我听不懂你的话。

坐在这儿，我看不清楚黑板。

这么多衣服，今天洗得完吗？

一会儿没有车了，就回不去了。

门锁着，我进不去。

※ 가능보어는 "把" 자구와 같이 사용할 수 없다.

我把你的话听不懂。(×)

我把黑板看不清楚。(×)

## 2 · 가능보어 2

(1) 동사와 “了” 사이에 “得”, 혹은 “不”를 사용하여 어떤 행동을 행할 수 있는지, 없는지를 나타낸다. 구조는 아래와 같다.

동사 + 得/不 + 了 + 목적어

我的嘴出血了，说不了话了。

我的腿受伤了，走不了路了。

A : 明天我们打算去春游，你去得了去不了？

B : 我去得了。

(2) “동사 + 得 / 不 + 了”는 동작을 완료시킬 수 있는지, 없는지도 나타낸다. 이런 경우는 “동사 + 得 / 不 + 完”과 의미가 같다. 부정형식이나 의문형식은 구어체에서 더 많이 사용된다.

这么多菜，你吃得了吗？ = 这么多菜，你吃得完吗？

我喝不了这么多酒。 = 我喝不完这么多酒。

准备了这么多笔，用不了啊。 = 准备了这么多笔，用不完啊。

## 3 피동문

문장의 목적어가 동작의 주체가 되고 문장의 주어는 동작의 대상이 되는 문장을 피동문이라고 한다. 목적어는 "被"와 함께 동사 앞에 쓰이기 때문에 "被" 자구라고도 한다. 피동문은 "被" 뿐만 아니라 "叫 / 让"도 함께 쓰일 수 있으며 구어체에서 "被"보다는 "叫 / 让"을 더 많이 사용한다. 피동문의 구조는 아래와 같다.

주어 (동작의 대상) + 被/叫/让 + 목적어 (동작의 주체) + 동사 + 기타성분

我的面包被同屋偷吃了。

我的腿叫桌子撞了。

她的衣服让老公洗干净了。

我的电脑被我弄坏了。

동작의 주체를 말할 필요가 없거나 말하기 싫을 때 "被" 뒤에 있는 목적어는 생략할 수 있지만 "叫 / 让" 뒤에 있는 목적어는 생략할 수 없다.

我的腿被撞了。(○)

我的电脑被弄坏了。(○)

我的钱包叫偷了。(×) → 我的钱包被偷了。

我的小说让改好了。(×) → 我的小说被改好了。

동작의 주체를 말할 필요가 없거나 말하기 싫을 때 "被 / 叫 / 让" 뒤에 있는 목적어를 "人"으로 대신할 수도 있다.

我的书被人买走了。

我的手机被人弄坏了。

我的车让人修好了。

我的自行车叫人骑走了。

피동문의 부정 : 부정 부사 "没"는 주어 뒤에, "被 / 叫 / 让" 앞에 사용된다.

주어 + 没 + 被/叫/让 + 동사 + 기타성분

我的护照没被小偷偷走。

我昨天没叫人骗。

我没被人爱过。

我的小说没让他弄丢。

memo

연습문제 练习

# 1 기초작문

## ❇ 가능보어1

(1) 이 칠판을 깨끗하게 닦을 수 없어요.

➜ ____________________

(2) 나는 영어를 알아들을 수 있어요.

➜ ____________________

(3) 그는 너무 뚱뚱해서 지나갈 수 없어요. (过去를 이용할 것)

➜ ____________________

(4) 산이 너무 높아서 올라갈 수 없어요.

➜ ____________________

(5) 나는 이 짐을 옮길 수 없어요. (搬动을 이용할 것)

➜ ____________________

(6) 너무 일러요. 나는 일어날 수 없어요.

➜ ____________________

(7) 12시 전에 나는 돌아올 수 있어요.

➜ ____________________

## ❊ 가능보어2

(8) 당신은 올 수 있어요? 올 수 없어요?

➜ ______________________________

(9) 내일 일이 있어서 나는 참석할 수 없어요.

➜ ______________________________

(10) 나는 카드가 없어서 집에 갈 수 없어요.

➜ ______________________________

(11) 나는 매운 것을 먹을 수 없어요.

➜ ______________________________

(12) 옷을 이렇게 많이 샀어요! 다 입을 수 있나요?

➜ ______________________________

(13) 내일 날씨가 맑아요. 비가 내릴 수 없어요.

➜ ______________________________

(14) 눈이 아파서 TV를 볼 수 없어요.

➜ ______________________________

## ❊ 피동문

(15) 그 토끼는 포수에게 잡혔어요. (抓到를 이용할 것)

➜ ______________________________

(16) 그의 신발이 그에 의해서 잘못 신겼어요.

➜ ______________________________

(17) 나의 열쇠가 나에 의해서 잃어버렸어요. (弄丢를 이용할 것)

➜ ______________________________

(18) 컴퓨터가 그에 의해서 팔리게 되었어요.

➜ ______________________________

(19) 그 아이는 모기에게 물렸어요.

➜ ______________________________

(20) 내 여권이 몰수를 당했어요. (没收를 이용할 것)

➜ ______________________________

## 2 단어를 배열하여 문장을 만들기

(1) 我　买不到　还是　机票

➜ ______________________________

(2) 装得下　屋子　1000人　这个

➜ ______________________________

(3) 钱　多　得　我　这么　拿　出

➜ ______________________________

(4) 黑板上　我　字　看　的　得　清楚

➜ ______________________________

(5) 被　他　烫　了　不小心　火

➜ ______

## 3 틀린 문장을 고치기

(1) 我今天不去得了。

➜ ______

(2) 面包被人没拿走。

➜ ______

(3) 我把钱掏不出来。

➜ ______

(4) 我这辈子也不忘得了他。

➜ ______

(5) 他的自行车叫弄坏了。

➜ ______

## 4 심화작문

(1) 나는 귀국하는 비행기 표를 구할 수 없어요.

➜ ______

(2) 나는 이 책을 하나도 알아보지 못해요.

➜ ______

练习

(3) 오늘 기분이 안 좋아서 밥이 넘어가지 않아요. (进去를 이용할 것)

➜ ______

(4) 앞에 돌이 하나 있어서 차가 지나갈 수 없어요.

➜ ______

(5) 열쇠가 고장 나서 뽑히질 않아요. (下来를 이용할 것)

➜ ______

(6) 그는 허리를 다쳤어요. 지금 일어설 수 없어요.

➜ ______

(7) 그가 외국에 나갔어요. 나는 그를 찾을 수 없어요.

➜ ______

(8) 이 옷이 너무 비싸서 나는 살 수 없어요.

➜ ______

(9) 나는 10km 끝까지 뛸 수 없어요.

➜ ______

(10) 나는 이 단어를 항상 제대로 기억하지 못해요.

➜ ______

(11) 내 가방이 너무 작아서 이 사전이 안 들어가요.

➜ ______

(12) 이 자동차는 너무 낡았어요. 이미 고쳐지지 않아요.

➜ ______

(13) 우리의 식량이 이미 많지 않아요. 다음 달까지 먹을 수 없어요.

→ ______________________________

(14) 우리의 생활은 아주 어렵지만 아직도 견지해 나갈 수 있어요. (下去를 이용할 것)

→ ______________________________

(15) 그녀는 뱀에 물려서 상처 났어요. (咬伤를 이용할 것)

→ ______________________________

(16) 그 도둑은 경찰에게 잡혀갔어요. (抓走를 이용할 것)

→ ______________________________

(17) 그녀는 왜 자주 남들에게 의심을 받나요?

→ ______________________________

(18) 중국어를 한국어로 번역하게 되었어요.

→ ______________________________

(19) 그 아이는 엄마가 데리고 갔어요.

→ ______________________________

(20) 내 자전거는 자동차에 부딪쳐 고장 났어요. (撞坏를 이용할 것)

→ ______________________________

MEMO

# 第13课

# 시량보어
# 동량보어
# 수량보어

**학습내용**

시량보어
동량보어
수량보어

# 生词 I

| | | | |
|---|---|---|---|
| 跆拳道 | táiquándào | 명 | 태권도 |
| 遍 | biàn | 양 | 번 |
| 趟 | tàng | 양 | 번 |
| 敲 | qiāo | 동 | 두드리다 |
| 跳远 | tiàoyuǎn | 명 | 멀리뛰기 |
| 曾经 | céngjīng | 부 | 일찍이, 이전에 |
| 厘米 | límǐ | 양 | 센티미터 |
| 打车 | dǎchē | 동 | 택시를 잡다 |
| 终于 | zhōngyú | 부 | 마침내, 결국 |
| 继续 | jìxù | 동 | 계속하다 |
| 法官 | fǎguān | 명 | 판사 |
| 案子 | ànzi | 명 | 사건 |
| 判 | pàn | 동 | 판결하다 |
| 哈尔滨 | Hā'ěrbīn | 고 | 하얼빈(지명) |
| 出差 | chūchāi | 동 | 출장 가다 |
| 睡懒觉 | shuìlǎnjiào | | 늦잠을 자다 |
| 后背 | hòubèi | 명 | 등 |

# 试试看

1 나는 체조를 1시간 동안 했어요.

➜ ______________________________

2 나는 태권도를 3년 동안 배웠어요.

➜ ______________________________

3 나는 북경에 한번 가 보았어요.

➜ ______________________________

4 나는 이 영화를 5번이나 보았어요.

➜ ______________________________

5 10분만 기다려 줄 수 있나요?

➜ ______________________________

6 나는 5000미터 뛸 수 있어요.

➜ ______________________________

# 语法说明

## 1 시량보어

동작이나 상태가 얼마나 지속되는지를 나타내는 보어를 시량보어라고 한다. 시량보어는 동사 뒤에 나오며 구조는 아래와 같다.

**주어** + **동사** + **(了)** + **시량보어**

我吃了半个小时。

我听了一天。

她学习了三年。

我写了一下午。

시량보어 구문의 목적어 위치를 아래와 같이 나타낼 수 있다.

(1) 동사를 두 번 반복해서 사용하고 첫 번째 동사 뒤에 목적어를 두고 두 번째 동사 뒤에 시량보어를 둔다. 구조는 아래와 같다.

**주어** + **동사** + **목적어** + **동사** + **(了)** + **시량보어**

我吃饭吃了半个小时。

我听音乐听了一天。

她学汉语学了三年。

你坐飞机坐了多长时间?

(2) 목적어를 시량보어 뒤에 둔다. 이런 경우는 시량보어, 목적어 사이에 조사 “的”가 들어가기도 한다. 구조는 아래와 같다.

주어 + 동사 + (了) + 시량보어 + (的) + 목적어

我吃了半个小时(的)饭。

我听了一天(的)音乐。

她学了三年(的)汉语。

你坐了多长时间(的)飞机?

만약에 목적어가 인칭대명사일 경우에 목적어가 시량보어 뒤에 나올 수 없다.

我等了一天你。(×)

我等你等了一天。(○)

我等了你一天。(○)

我等你了一天。(○)

만약에 동태조사 “了”와 어기조사 “了”가 동시에 나오면 동작이 과거부터 진행해 왔고 지금도 진행하고 있고 앞으로도 진행해 나갈 것을 나타낸다.

我在韩国生活了10年了。

我在首尔大学学习了1年了。

我已经写了一下午(的)小说了。

我已经等他等了一个小时了。

## ② 동량보어

동량보어는 동작이 발생하는 횟수를 나타낸다. 동량보어는 수사와 양사로 구성하여 동사 뒤에 쓰인다. 자주 나타나는 양사는 次、遍、趟、下 등이 있다.

**주어** + **동사** + **(了/过)** + **동량보어**

我吃了两次。

我去过三次。

她敲了两下。

我去了三趟。

목적어가 있는 경우에 목적어의 위치는 시량보어와 마찬가지로

(1) 동사를 두 번 사용하고 첫 번째 동사 뒤에 목적어를 두고 두 번째 동사 뒤에 동량보어를 둔다.

**주어** + **동사** + **목적어** + **동사** + **(了/过)** + **동량보어**

(2) 목적어를 바로 동량보어 뒤에 둔다.

**주어** + **동사** + **(了/过)** + **동량보어** + **목적어**

我吃上海菜吃了两次。 = 我吃了两次上海菜。

我去北京去过三次。 = 我去过三次北京。

她敲门敲了两下。 = 她敲了两下门。

我去朋友家去了三趟。 = 我去了三趟朋友家。

만약에 목적어가 인칭대명사일 경우에 목적어가 동량보어 뒤에 나올 수 없다.

我找了三趟你。(×)

我找你找了三趟。(○)

我找了你三趟。(○)

我找你了三趟。(○)

※ 次와 遍의 차이점 :

次와 遍은 다 동작의 횟수를 나타내나 遍은 동작의 처음부터 끝까지의 전 과정을 강조한다.

这封信我读了两遍。

这个DVD我看了三遍。

中国菜我吃过三次。

我见过他两次。

## 3 · 수량보어

수량보어는 동사, 혹은 형용사 뒤에 사용되고 수량을 나타낸다. 구조는 아래와 같다.

주어 + 동사 / 형용사 + (了) + 수량보어

我跑了5000米。

我的妹妹小两岁。

수량보어 구문의 목적어 위치는 시량보어(1)과 마찬가지로 '동사를 두 번 반복해서 사용하고 첫 번째 동사 뒤에 목적어를 두고 두 번째 동사 뒤에 수량보어를 둔다.' 구조는 아래와 같다.

**주어** + **동사** + **목적어** + **동사** + **(了)** + **수량보어**

我跑步跑了5000米。

她跳远能跳2米。

memo

## 1 기초작문

### ※ 시량보어

(1) 당신은 중국어를 얼마 동안 공부했어요?

➜ ______________________________

(2) 나는 5일 동안 아팠어요.

➜ ______________________________

(3) 그녀는 1시간 동안 전화했어요.

➜ ______________________________

(4) 나는 그와 4시간 동안 이야기 나누었어요.

➜ ______________________________

(5) 나는 그를 한 달 동안 찾았어요.

➜ ______________________________

(6) 나는 오후 내내 수영했어요.

➜ ______________________________

(7) 나는 대학교를 졸업한지 3년이 됐어요.

➜ ______________________________

## ❄ 동량보어

(8) 당신은 중국에 몇 번 가 봤어요?

➜ ______________________________

(9) 나는 중국 요리를 두 번 먹어 봤어요.

➜ ______________________________

(10) 이 영화를 나는 한 번 봤어요.

➜ ______________________________

(11) 나는 이전에 한번 결혼한 적이 있어요.

➜ ______________________________

(12) 이 편지를 나는 두 번 읽었어요.

➜ ______________________________

(13) 다시 한 번 말씀해 주세요.

➜ ______________________________

(14) 이번 주에 비가 세 번 내렸어요.

➜ ______________________________

## ❄ 수량보어

(15) 당신은 동생보다 몇 살 더 많아요?

➜ ______________________________

(16) 당신은 그보다 키가 몇 센티미터 더 커요?

➜ ______________________________

(17) 나는 단숨에 10km를 뛸 수 있어요.

➜ ______________________________

(18) 기차가 430km 달렸어요.

➜ ______________________________

(19) 비행기가 800km 날았어요.

➜ ______________________________

(20) 그는 수영을 100m 할 수 있어요.

➜ ______________________________

## 2 단어를 배열하여 문장을 만들기

(1) 坐　坐　了　我　火车　三个小时

➜ ______________________________

(2) 打　了　三下儿　我　他

➜ ______________________________

(3) 我　了　他　很多年　爱

➜ ______________________________

(4) 在　中国　了　20年　我　生活

➜ ______________________________

(5) 下午　我　在　玩　一　家　了

→

# 3 틀린 문장을 고치기

(1) 我等了一个小时你。

→

(2) 我看这个小说了两遍。

→

(3) 我去了三遍北京。

→

(4) 这封信我看了三次。

→

(5) 我坐火车了5个小时。

→

# 4 심화작문

(1) 나는 택시를 30분 동안 잡아 드디어 잡았어요. (打车를 이용할 것)

→

(2) 나는 북경에서 3년 동안 살았는데 계속 살고 싶어요.

→ ______________________________

(3) 나는 인터넷을 30분만 하면 머리가 아파요.

→ ______________________________

(4) 나는 이 영화를 이미 3번이나 봤는데 한 번 더 보고 싶어요.

→ ______________________________

(5) 판사가 3번 두드리고 사건을 판결했어요.

→ ______________________________

(6) 나는 하얼빈에 서너 번 가 봤어요. (상황 : 갔다온 후)

→ ______________________________

(7) 북경의 온도가 서울보다 대략 2℃ 더 높아요.

→ ______________________________

(8) 선생님은 여러 번 이야기했어요. 그러나 학생들은 아직도 못 알아들었어요.

→ ______________________________

(9) 이 책을 나는 이미 두 번 봤어요.

→ ______________________________

(10) 이 옷을 나는 한번 빨았어요. 그러나 깨끗하게 빨리지 않았어요.

→ ______________________________

(11) 나는 다음 주에 출장을 한 번 다녀오려고 해요.

→ ______________________________

(12) 당신은 일주일에 몇 시간 동안 수업을 들어요?

➜ ______________________________

(13) 당신은 이 회사에서 몇 년 일했어요?

➜ ______________________________

(14) 아버지는 매일 아침에 한 시간 동안 신문을 읽어요.

➜ ______________________________

(15) 대학교에 들어가고 나서 나는 늦잠을 한번밖에 못 잤어요.

➜ ______________________________

(16) 기차를 타는 것은 비행기를 타는 것보다 1000위엔 싸요.

➜ ______________________________

(17) 그녀는 뒤에서 내 등을 한번 두드렸어요.

➜ ______________________________

(18) 시간이 참 빨리 지나가요. 나는 그녀와 결혼한 지 5년이 다 돼 가요.

➜ ______________________________

(19) 요즘 너무 바빠요. 매일 다섯 시간밖에 못 자요.

➜ ______________________________

(20) 시간이 있으면 당신이 약을 사러 약국에 한번 다녀오세요.

➜ ______________________________

# 第14课

# 비교문

## 학습내용

"比"를 사용한 비교문
동등 비교문
비교문의 부정

# 生词 I

| | | |
|---|---|---|
| 釜山 | Fǔshān | 고 부산(지명) |
| 价值观 | jiàzhíguān | 명 가치관 |
| 一样 | yíyàng | 형 똑같다 부 똑같이 |
| 四川 | Sìchuān | 고 사천(지명) |
| 水平 | shuǐpíng | 명 실력 |
| 舒服 | shūfu | 형 편안하다, 쾌적하다 |
| 风景 | fēngjǐng | 명 경치 |
| 手掌 | shǒuzhǎng | 명 손바닥 |
| 勇敢 | yǒnggǎn | 형 용감하다 |
| 打字 | dǎzì | 동 타자하다 |
| 酷 | kù | 형 멋있다, 근사하다 |
| 气温 | qìwēn | 명 기온 |
| 摄氏度 | shèshìdù | 양 섭씨온도 |
| 平方米 | píngfāngmǐ | 명 평방미터 |
| 想象 | xiǎngxiàng | 명 상상 |
| 气氛 | qìfèn | 명 분위기 |
| 感 | gǎn | 동 느끼다 |
| 兴趣 | xìngqu | 명 흥미 |
| 矮 | ǎi | 형 (키가) 작다 |
| 辆 | liàng | 양 대(차량을 세는 단위) |
| 高级 | gāojí | 형 고급이다 |

# 试试看

1 베이징은 서울보다 조금 추워요.

➜ ______________________________

2 동생은 나보다 키가 많이 커요.

➜ ______________________________

3 오빠는 나보다 9살 많아요.

➜ ______________________________

4 당신의 동생은 당신만큼 예뻐요?

➜ ______________________________

5 베이징의 물가는 한국과 똑같이 비싸요.

➜ ______________________________

6 서울은 부산만큼 따뜻하지 않아요.

➜ ______________________________

# 语法说明

## 1 "比"를 사용한 비교문

개사 "比"를 사용해서 사물이나 인물 간의 차이를 나타낸다. 구조는 아래와 같다.

A + 比 + B + 형용사(차이점)

英语比汉语难。

姐姐比我高。

首尔比北京天气好。

姐姐的房间比我的大。

"比"를 사용한 비교문에서 일반적으로 부사를 사용할 수 없다.

英语比汉语很难。(×)

姐姐比我特别高。(×)

首尔比北京天气太好。(×)

姐姐的房间比我的有点儿大。(×)

사물이나 인물 간의 차이가 얼마나 나는지에 대해서는 보어로 표시한다. 차이가 많이 나면 보어 "很多"、"得多"、"多了"를, 차이가 조금 나면 보어 "一点儿"、"一些"를 사용한다.

英语比汉语难很多。

姐姐比我高一点儿。

首尔比北京天气好多了。

姐姐的房间比我的大得多。

梨比苹果贵一些。

차이를 구체적인 숫자로 표시할 때 수량보어로 형용사 뒤에 사용한다.

姐姐比我高2厘米。

首尔比北京气温高3摄氏度。

姐姐的房间比我的大1平方米。

梨比苹果贵5块。

“比”를 사용한 비교문에서 부사 “还”、“更”을 사용할 수 있으며 “훨씬”, “더”라는 의미를 나타낸다.

汉语很难，英语比汉语更难。

北京的天气很好，首尔比北京的天气还好。

我的房间很大，姐姐的房间比我的更大。

苹果很贵，梨比苹果还贵。

“比 + 의문사 + 都”라는 문형이 있는데 “~(누구, 무엇, 어디 등)보다도 더 ~ 하다”의 의미를 나타낸다.

梨比什么水果都贵。

这儿比哪儿都好。

她比谁都亲切。

价值观比什么都重要。

## 2 동등 비교문

(1) A + 跟 + B + 一样 : A는 B와 같다

这本词典跟那本词典一样。

姐姐的房间跟我的一样。

(2) A + 跟 + B + 一样 + 형용사 / 동사 :  A는 B와 똑같이 ~하다

这本词典跟那本词典一样厚。

姐姐跟我一样喜欢看书。

(3) A + 有 + B + 형용사 / 동사 : A는 B만큼 ~하다

汉语有英语难吗?

姐姐有我高。

## 3 비교문의 부정

(1) "比"를 사용한 비교문의 부정

"比"를 사용한 비교문을 부정할 때 "不比"를 사용하지 않고 "没有", 혹은 "不如"를 사용한다.

汉语没有英语难。

姐姐没有我高。

首尔不如北京天气好。

苹果不如梨贵。

"不比"를 이용한 부정문은 일반적으로 상대방의 말을 반박할 때에 사용한다.

A : 香蕉比苹果贵吗？

B1 : 香蕉不比苹果贵。这两种水果的价钱差不多。

B2 : 香蕉不比苹果贵。其实苹果比香蕉贵。

"香蕉不比苹果贵"는 "香蕉比苹果贵"에 대한 반박이며, "바나나는 사과보다 쌀 수도 있고 가격이 비슷할 수도 있다."라는 뜻이다.

(2) "A + 跟 + B + 一样"의 부정 :

① A + 跟 + B + 不一样
② A + 不跟 + B + 一样

这本词典跟那本词典不一样。

这本词典不跟那本词典一样。

韩国人的想法跟日本人不一样。

韩国人的想法不跟日本人一样。

(3) "A + 跟 + B + 一样 + 형용사 / 동사"의 부정 :

① A + 跟 + B + 不一样 + 형용사 / 동사
② A + 不跟 + B + 一样 + 형용사 / 동사

这本书跟那本书不一样贵。

这本书不跟那本书一样贵。

姐姐的房间跟我的不一样大。

姐姐的房间不跟我的一样大。

(4) "A + 有 + B + 형용사 / 동사"의 부정 :

A + 没有 + B + 형용사 / 동사

我没有他喜欢买书。

我没有他高。

MEMO

# 1 기초작문

※ "比"를 사용한 비교문

(1) 축구는 농구보다 재미있어요.

➜ ______

(2) 그는 나보다 능력이 있어요.

➜ ______

(3) 컴퓨터는 사람보다 총명해요.

➜ ______

(4) 러시아는 하얼빈보다 추워요.

➜ ______

(5) 저 옷은 내 것보다 조금 비싸요.

➜ ______

(6) 중국은 한국보다 많이 커요.

➜ ______

(7) 사천 사람은 한국 사람보다 매운 것을 더 좋아해요.

➜ ______

(8) 내 영어 실력은 중국어 실력보다 조금 나아요.

➜ ______

(9) 노란 것이 예쁜데 빨간 것은 노란 것보다 더 예뻐요.

➜ ______________________________

(10) 집은 어디보다도 편해요.

➜ ______________________________

❋ 동등 비교문

(11) 수박은 참외와 똑같이 달아요.

➜ ______________________________

(12) 겨울의 경치는 여름과 똑같이 아름다워요.

➜ ______________________________

(13) 한국의 겨울은 여기만큼 추워요?

➜ ______________________________

(14) 서울의 여름은 북경만큼 그렇게 더워요.

➜ ______________________________

(15) 그 지갑은 손바닥만큼 커요.

➜ ______________________________

❋ 비교문의 부정

(16) 이 가방은 저 가방과 같지 않아요.

➜ ______________________________

(17) 내일의 날씨가 오늘보다 좋지 못해요.

→

(18) 언니는 나보다 뚱뚱하지 못해요.

→

(19) 이 핸드폰은 내 것과 같지 않아요.

→

(20) 나는 그만큼 먹는 것을 좋아하지 않아요.

→

## 2 단어를 배열하여 문장을 만들기

(1) 比　那双　便宜　鞋　这双

→

(2) 我　她　更　中国　比　喜欢

→

(3) 吗　那么　你　勇敢　他　有

→

(4) 没有　打　打字　快　他　我　得

→

(5) 一样　中国　我　她　喜欢　跟

➜ ______________________________

## 3 틀린 문장을 고치기

(1) 妹妹比我很高。

➜ ______________________________

(2) 你的手机一样跟这个。

➜ ______________________________

(3) 我比他没那么酷。

➜ ______________________________

(4) 姐姐比我2厘米高。

➜ ______________________________

(5) 这本书比那本书不难。

➜ ______________________________

## 4 심화작문

(1) 오늘의 기온은 어제보다 3℃ 높아요.

➜ ______________________________

(2) 그는 나보다 노래를 잘 불러요.

➜ ______________________________

(3) 나는 당신보다 일찍 일어나요.

→ ____________________

(4) 그는 나보다 한자를 많이 알아요.

→ ____________________

(5) 이 영화가 저 영화만큼 좋아요?

→ ____________________

(6) 영어를 배우는 것은 내가 생각했던 것보다 쉬워요.

→ ____________________

(7) 이 커피숍은 저 커피숍보다 분위기가 좋지 않아요.

→ ____________________

(8) 나는 그녀와 똑같이 노래를 부르는 것에 대해서 관심이 많아요.

→ ____________________

(9) 내 남편은 키가 작아요. 나는 그보다 더 작아요.

→ ____________________

(10) 건강은 어떤 것보다도 중요해요.

→ ____________________

(11) 그는 누구보다도 시험을 잘 봤어요.

→ ____________________

(12) 이 책은 어떤 책보다도 재미있어요.

→ ____________________

(13) 그는 나보다 노래를 잘 부르지 못해요.

➜ ______________________________

(14) 그는 나보다 수영이 빠르지 못해요.

➜ ______________________________

(15) 그는 영어를 나보다 유창하게 하지 못해요.

➜ ______________________________

(16) 나는 할아버지보다 일찍 자지 않아요.

➜ ______________________________

(17) 이 영화는 내 생각보다 좋지 않아요.

➜ ______________________________

(18) 비록 내가 너보다 노래를 잘 부르지 못하지만 너보다 춤을 잘 춘다.

➜ ______________________________

(19) A : 이 자동차는 저것보다 고급인가요?

B : 이 자동차는 저것보다 고급이 아니에요.

➜ ______________________________

➜ ______________________________

(20) A : 당신은 그보다 회화 수준이 떨어지나요?

B : 나는 그보다 회화 수준이 떨어지지 않아요.

➜ ______________________________

➜ ______________________________

# 해설과 정답

# 01 중국어의 어순

## 试试看

(1) 나는 TV를 보는 것을 좋아해요. ➜ 我喜欢看电视。

(2) 어제 나는 밥을 먹지 않았어요. ➜ 昨天我没吃饭。

(3) 내 남자친구는 멋있지 않아요. ➜ 我的男朋友不帅。

(4) 이 책은 내 것입니다. ➜ 这本书是我的。

(5) 오늘은 5월 14일이에요. ➜ 今天5月14号。

(6) 내 여자 친구는 머리가 길어요. ➜ 我的女朋友头发很长。

## 练习

### 1. 기초작문

(1) 아이가 아침밥을 먹어요. ➜ 孩子吃早饭。

(2) 나는 커피를 마셔요. ➜ 我喝咖啡。

(3) 나는 차를 마시는 것을 좋아해요. ➜ 我喜欢喝茶。

(4) 나는 어제 잠을 자지 않았어요. ➜ 我昨天没睡觉。

(5) 우리 아버지는 내일 출근하지 않아요. ➜ 我爸爸明天不上班。

(6) 우리 딸은 귀여워요. ➜ 我女儿很可爱。

(7) 날씨가 따뜻해요. ➜ 天气很暖和。

(8) 바나나가 비싸지 않아요. ➜ 香蕉不贵。

(9) 빵이 맛있지 않아요. ➜ 面包不好吃。

(10) 나는 중국인이 아니라 한국인입니다. ➜ 我不是中国人，是韩国人。

(11) 우리 아버지는 회사원입니다. ➜ 我爸爸是公司职员。

(12) 여기는 공원이 아닙니다. ➜ 这儿不是公园。

(13) 오늘은 수요일입니다. ➜ 今天星期三。

(14) 이 옷은 120위엔입니다. ➜ 这件衣服120块钱。

(15) 지금 5시 5분입니다. ➜ 现在5点5分。

(16) 나는 22살이 아닙니다. ➜ 我不是22岁。

(17) 우리 아들의 생일은 12월 21일이 아니에요. → 我儿子的生日不是12月21号。
(18) 우리 남동생은 다리가 길어요. → 我弟弟腿很长。
(19) 커피는 맛이 써요. → 咖啡味道很苦。
(20) 된장찌개는 맛이 안 좋아요. → 大酱汤味道不好。

## 2. 부정문으로 만들기

(1) 我爷爷不是75岁。
(2) 他不是上海人。
(3) 我妈妈性格不暴燥。
(4) 姐姐昨天没去学校。
(5) 妈妈去年没去美国。

## 3. 틀린 문장을 고치기

(1) 我昨天没吃饭。
(2) 明天不是星期五。
(3) 这本书不是72块钱。
(4) 我妈妈眼睛不大。
(5) 韩国面积不大。

## 4. 심화작문

(1) 나는 중국 만두를 자주 먹어요. → 我常常吃中国饺子。
(2) 나는 어제 귤을 사지 않았어요. → 我昨天没买桔子。
(3) 우리 어머니는 매우 친절해요. → 我妈妈很亲切。
(4) 우리 아버지는 건강이 좋아요. → 我爸爸身体很好。
(5) 그 공원은 사람이 많아요. → 那个公园人很多。
(6) 이 학교는 국제학교입니다. → 这个学校是国际学校。
(7) 백화점은 옷이 비싸요. → 百货商店衣服很贵。
(8) 우리 반의 학생은 모두 21살입니다. → 我们班的学生都21岁。
(9) 이 가게의 물건은 모두 10위엔입니다. → 这个商店的东西都10块钱。
(10) 우리 할아버지는 북한 사람입니다. → 我爷爷北韩人。
(11) 우리는 영화를 보지 않고 비디오를 봤어요. → 我们没看电影，看录像了。
(12) 나는 미국에 가지 않고 중국에 갔어요. → 我没去美国，去中国了。
(13) 한국 물가는 비싸지 않고 싸요. → 韩国物价不贵，很便宜。

(14) 나의 생일은 5월 13일이 아니고 5월14일입니다.

➜ 我的生日不是5月13号，是5月14号。

(15) 지금 10시 1분 전이에요. 수업을 곧 시작하려고 합니다.

➜ 现在差1分钟10点，马上要上课了。

(16) 이 가방은 900원이에요. 너무 비싸요. ➜ 这个书包900块钱，很贵。

(17) 러시아 사람은 다리가 길어요. ➜ 俄罗斯人腿很长。

(18) 호텔은 서비스가 좋아요. ➜ 酒店服务很好。

(19) 나는 머리 아프고 배도 아파요. ➜ 我头疼，肚子也疼。

(20) 그 아이는 나이가 어려요. ➜ 那个孩子年龄很小。

## 02 대명사

### 试试看

(1) 이 책은 중국어 책이에요. ➜ 这本书是汉语书。

(2) 그 세 사람은 다 한국인이에요. ➜ 那三个人都是韩国人。

(3) 그는 고양이예요. ➜ 它是一只小猫。

(4) 당신은 어떤 옷을 좋아해요? ➜ 你喜欢什么样的衣服?

(5) 벌써 12시예요. 우리가 출발해야겠어요. ➜ 都12点了，我们该出发了。

(6) 그는 어떤 여학생을 좋아해요. ➜ 他很喜欢某女生。

### 练习

#### 1. 기초작문

※ 인칭대명사

(1) 그녀는 당신의 여동생입니까? ➜ 她是你的妹妹吗?

(2) 내일 나는 학교에 갑니다. ➜ 明天我去学校。

(3) 우리 같이 공원에 가자. ➜ 我们/咱们一起去公园吧。

(4) 당신은 공부하세요. 우리는 집에 갈게요. ➜ 你学习吧，我们回家了。
(5) 그는 호랑이예요. ➜ 它是老虎。

### ❋ 지시대명사

(6) 그 사람은 당신의 남동생입니까? ➜ 那个人是你的弟弟吗?
(7) 이 가방은 누구 것입니까? ➜ 这个书包是谁的?
(8) 여기는 우리 학교입니다. ➜ 这儿是我们学校。
(9) 거기는 우리 집이 아니에요. ➜ 那儿不是我家。
(10) 당신의 여동생은 거기에 있어요. ➜ 你妹妹在那儿。

### ❋ 의문대명사

(11) 당신은 무슨 아이스크림을 좋아합니까? ➜ 你喜欢什么冰淇淋?
(12) 너희 학교에 학생이 얼마나 있습니까? ➜ 你们学校有多少学生?
(13) 당신은 매일 어디서 밥을 먹어요? ➜ 你每天在哪儿吃饭?
(14) 그 영화는 어떻습니까? ➜ 那场电影怎么样?
(15) 그는 어떤 사람입니까? ➜ 他是什么样的人?
(16) 당신은 왜 울어요? ➜ 你为什么哭?

### ❋ 특수대명사

(17) 나는 당신을 매일 보고 싶어요. ➜ 我每天都想你。
(18) 어떤 학생은 숙제를 안 했어요. ➜ 某学生没做作业。
(19) 매 30분에 10위엔을 받아요. ➜ 每30分钟收10块钱。
(20) 나는 모 대학교에서 공부해요. ➜ 我在某大学学习。

## 2. 의문대명사를 이용하여 밑줄 친 부분에 대해 질문하기

(1) 今天是几月几号?
(2) 你是哪儿的人?
(3) 你们公司有多少职员?
(4) 这是谁家的孩子?
(5) 你喜欢什么样的衣服?

### 3. 틀린 문장을 고치기

(1) 这本书是谁的?

(2) 你家有几个房间?

(3) 你们学校有多少个学生?

(4) 每块糖都是我的。

(5) 那个人很帅。

### 4. 심화작문

(1) 저 옷은 명품입니까? ➜ 那件衣服是名牌吗?

(2) 당신 어머니의 성격은 어떻습니까? ➜ 你妈妈的性格怎么样?

(3) 당신은 왜 나를 안 좋아합니까? ➜ 你为什么不喜欢我?

(4) 당신의 집에 아이가 몇 명입니까? ➜ 你家有几个孩子?

(5) 여기는 케이크를 팔아요.➜ 这儿卖蛋糕。

(6) 이 두 아이는 아주 열심히 공부해요. ➜ 这两个孩子很努力学习。

(7) 이 강아지는 더러워요. 나는 그를 목욕시키려고 해요.
➜ 这条小狗很脏，我要给它洗澡。

(8) 어느 식당에서 중국 요리를 먹을 수 있어요? ➜ 在哪个饭店可以吃中国菜?

(9) 내가 어떻게 해야 비로소 간호사가 될 수 있어요? ➜ 我怎么才能当护士?

(10) 한국인이 어떻게 한국을 안 좋아할 수 있겠습니까? ➜ 韩国人怎么能不喜欢韩国?

(11) 한국 인구는 얼마입니까? ➜ 韩国人口是多少?

(12) 강아지가 이미 가버렸어요. 더 이상 그를 생각하지 마세요.
➜ 小狗已经走了，你别再想它了。

(13) 너희 사이에 비밀이 몇 개 있어요? ➜ 你们之间有几个秘密?

(14) 당신은 어디서 수영을 배웁니까? ➜ 你在哪儿学习游泳?

(15) 벌써 토요일이에요. 우리 빨리 비행기 표를 예약해요.
➜ 已经星期六了，我们/咱们快预订机票吧。

(16) 당신은 배 안 고프죠! 그럼 우리 먼저 밥 먹을게요.
➜ 你肚子不饿吧? 那么我们先吃饭了。

(17) 사람마다 성격이 다 달라요.➜ 每个人的性格都不一样。

(18) 모든 아이들은 다 초콜릿과 사탕을 좋아해요. ➜ 每个孩子都喜欢巧克力和糖。

(19) 모 화장품 회사에서는 직원을 모집해요.➜ 某化妆品公司招聘员工。

(20) 5월의 어느 날에 나는 그녀를 사랑하게 되었어요. ➜ 五月的某一天，我爱上她了。

## 4. 심화작문

(1) 중국인도 추석을 지내요? ➜ 中国人也过中秋节吗?

(2) 그 옷은 명품입니까? ➜ 那件衣服是名牌吗?

(3) 당신 어머니의 성격은 어떻습니까? ➜ 你妈妈的性格怎么样?

(4) 당신은 왜 나를 안 좋아합니까? ➜ 你为什么不喜欢我?

(5) 당신의 집에 아이가 몇 명입니까? ➜ 你家有几个孩子?

(6) 그 케이크는 달아요? 안 달아요? ➜ 那个蛋糕甜不甜?

(7) 당신은 방금 목욕했어요? 안 했어요? ➜ 你刚才洗澡了没?

(8) 우리는 기차를 타고 갈까요? 고속버스를 타고 갈까요?
➜ 我们坐火车去，还是坐高速汽车去?

(9) 당신의 어머니는 의사입니까? 아니면 간호사입니까?
➜ 你妈妈是医生，还是护士?

(10) 한국인이 어떻게 한국을 안 좋아할 수 있겠습니까?
➜ 韩国人怎么能不喜欢韩国?

(11) 한국 인구는 얼마입니까? ➜ 韩国人口是多少？

(12) 우리 영화를 보러 갈까요? 아니면 노래를 부르러 갈까요?
➜ 我们去看电影，还是去唱歌？

(13) 당신들 사이에 비밀이 몇 개 있어요? ➜ 你们之间有几个秘密?

(14) 당신은 어디서 수영을 배웁니까? ➜ 你在哪儿学习游泳?

(15) 당신 어제 토마토를 샀어요? 안 샀어요? ➜ 你昨天买西红柿了没有?

(16) 당신은 오늘 치마를 입을 거예요? 아니면 바지를 입을 거예요?
➜ 你今天穿裙子，还是穿裤子?

(17) 당신의 남편은 영어 선생님입니까? 아니면 수학 선생님입니까?
➜ 你丈夫是英语老师，还是数学老师?

(18) 나는 초코렛이나 사탕을 먹고 싶어요. ➜ 我想吃点儿巧克力，或者糖。

(19) 당신은 여기서 그를 기다리거나 혹은 그를 만나러 가세요.
➜ 你在这儿等，或者去找他。

(20) 당신이 나에게 갖다 주거나 혹은 내가 당신한테 가서 받을게요.
➜ 你给我送来，或者我去你那儿取。

## 03 조사 了

### 试试看

(1) 나는 책을 한 권 샀어요. ➜ 我买了一本书。

(2) 나는 밥 한 그릇을 먹었어요. ➜ 我吃了一碗饭。

(3) 우리는 수업이 아직 끝나지 않았어요. ➜ 我们还没下课。

(4) 어디서 사셨어요? ➜ 你(是)在哪儿买的？

(5) 나는 이제 대학생이에요. ➜ 我现在是大学生了。

(6) 지금 저녁을 먹어야겠어요. ➜ 现在该吃晚饭了。

### 练习

#### 1. 기초작문

(1) 벌써 2017년이에요. ➜ 已经2017年了。

(2) 가을이 왔어요. ➜ 秋天了。

(3) 날씨가 맑아졌어요. ➜ 天气晴了。

(4) 날씨가 추워졌어요. ➜ 天气冷了。

(5) 나는 새 안경이 생겼어요. ➜ 我有新眼镜了。

(6) 이제 출발해야겠어요. ➜ 现在该出发了。

(7) 눈이 곧 오겠어요. ➜ 就要下雪了。

(8) 곧 귀국해야겠네요. ➜ 该回国了。

(9) 비행기가 곧 이륙하겠어요. ➜ 飞机要起飞了。

(10) 다음 학기는 벌써 3학년이에요. ➜ 下学期就3年级了。

(11) 나는 사과를 샀어요. ➜ 我买苹果了。

(12) 그는 학교에 갔어요. ➜ 他去学校了。

(13) 나는 신발 한 켤레를 샀어요. ➜ 我买了一双鞋。

(14) 나는 탕수육을 하나 시켰어요. ➜ 我点了一个糖醋里脊。

(15) 너는 옷을 몇 벌 샀니? ➜ 你买了几件衣服?

(16) 너 어디 갔다 왔니? ➜ 你去哪儿了?

(17) 나는 회의를 하지 않았어요. ➜ 我没开会。

(18) 너는 어디에서 먹은 거니? ➜ 你(是)在哪儿吃的?

(19) 너는 언제 도착했니? ➜ 你(是)什么时候到的?

(20) 나는 어렸을 때 자주 초코렛을 먹었어요. ➜ 我小时候常常吃巧克力。

## 2. 단어를 배열하여 문장을 만들기

(1) 我学会游泳了。

(2) 我买了很多东西。

(3) 雨马上要停了。

(4) 我买了一斤猪肉。

(5) 我是在韩国上的大学。

## 3. 틀린 문장을 고치기

(1) 你去了很多城市。

(2) 明天就开学了。

(3) 我明年就要去中国了。

(4) 我买了两个书包。

(5) 我在书店买的书。

## 4. 심화작문

(1) 나는 큰 케이크를 하나 샀어요. ➜ 我买了一个大蛋糕。

(2) 어렸을 때 나는 중국 요리를 자주 먹었어요. ➜ 我小时候常常吃中国菜。

(3) 나는 춤을 (하나) 추었어요. ➜ 我跳了一个舞。

(4) 그는 아직 나한테 알려 주지 않았어요. ➜ 他还没告诉我。

(5) 나는 집에 들어간 후에 바로 샤워했어요. ➜ 我回家后，就洗了一个澡。

(6) 봄이에요. 꽃이 피었어요. ➜ 春天了，开花了。

(7) 지금 벌써 밤 12시 반이에요. 자야겠어요. ➜ 现在已经12点半了，该睡觉了。

(8) 나는 중국에 온지 두 달이 되었어요. ➜ 我来中国两个月了。

(9) A : 당신은 어디서 옷을 산 거예요? B : 나는 한국에서 옷을 산 거예요.

➜ A : 你是在哪儿买的衣服? B : 我是在韩国买的。

(10) A : 당신은 언제 치마를 산 거예요? B : 나는 지난주에 치마를 산 거예요.

➜ A : 你是什么时候买的裙子? B : 我是上星期买的。

(11) 이 소식을 듣고 엄마가 매우 기뻐했어요. ➜ 听了这个消息，妈妈很高兴。
(12) 개학했어요. 그는 늦잠을 잘 수 없게 되었어요. ➜ 开学了，他不能睡懒觉了。
(13) 선생님은 키 큰 사람과 결혼했어요. ➜ 老师和一个个子高的人结婚了。
(14) 나는 지난주에 감기에 걸렸어요. 지금은 나았어요. ➜ 我上星期感冒了，现在好了。
(15) 시간이 정말 빨리 지나가요. 내일이면 귀국해야 하겠네요.
➜ 时间过得真快，明天我就要回国了。
(16) 나는 생선과 고기를 좀 먹었어요. ➜ 我吃了一些鱼和肉。
(17) 당신은 지난 주말에 영화를 봤어요? 안 봤어요? ➜ 你上周末看电影了没有?
(18) 이 아이가 세 살이 되었어요. 유치원에 가야겠네요.
➜ 这个孩子三岁了，该去幼儿园了。
(19) 나는 지하철을 타고 학교에 온 거예요. ➜ 我是坐地铁来的学校。
(20) 엄마가 가방을 사 준 거예요. ➜ 是妈妈给我买的书包。

## 04 특수 동사

### 试试看

(1) 시간 있을 때 우리 한번 만나요. ➜ 有时间我们见一个面。
(2) 선생님은 나에게 중국어를 가르쳐요. ➜ 老师教我汉语。
(3) 돈은 지갑 안에 있어요. ➜ 钱在钱包里。
(4) 앞에 나무 한 그루가 있어요. ➜ 前面有一棵树。
(5) 나는 그와 이야기를 한번 나눈 적이 있어요. ➜ 我和他聊过一次天。
(6) 판매원은 그에게 3.5위엔을 거슬러 주었어요. ➜ 营业员找他了3块5毛钱。

### 练习

#### 1. 기초작문

(1) 나는 그와 결혼했어요. ➜ 我和他结婚了。
(2) 그는 나에게 화가 났어요. ➜ 他生我的气了。
(3) 당신은 대학교를 졸업했나요? ➜ 你大学毕业了吗？

(4) 오전에 물리 수업을 하지 않았어요. ➜ 上午没上物理课。

(5) 그는 늦잠을 자는 것을 좋아해요. ➜ 他喜欢睡懒觉。

(6) 그는 나에게 내일 봄 소풍에 갈 거냐고 물어요. ➜ 他问我明天去不去春游。

(7) 나는 딸에게 프랑스어를 가르쳐요. ➜ 我教女儿法语。

(8) 그는 나에게 돈을 빌려 주지 않았어요. ➜ 他没借我钱。

(9) 나는 그에게 소리 지르지 말라고 알려주었어요. ➜ 我告诉他别喊。

(10) 그는 나에게 2.3위엔을 거슬러 주었어요. ➜ 他找我了2块3毛钱。

(11) 우리 누나는 지금 커피숍에 있어요. ➜ 我的姐姐现在在咖啡厅。

(12) 커피숍은 지하철역 옆에 있어요. ➜ 咖啡厅在地铁站旁边。

(13) 아버지의 회사는 서울에 있어요. ➜ 爸爸的公司在首尔。

(14) 내 핸드폰은 어디에 있어요? ➜ 我的手机在哪儿？

(15) 그는 여자 친구가 두 명 있어요. ➜ 他有两个女朋友。

(16) 중국은 인구가 13억입니다. ➜ 中国有13亿人口。

(17) 우리 집은 집이 5채 있어요. ➜ 我家有5套房子。

(18) 우리 집 근처에는 식당이 많이 있어요. ➜ 我家附近有很多饭店。

(19) 식당 옆에는 편의점이 하나 있어요. ➜ 饭店旁边有一个便利店。

(20) 영화관 안에는 무엇이 있나요? ➜ 电影院里有什么？

## 2. 단어를 배열하여 문장을 만들기

(1) 我想帮你的忙。

(2) 她送我很多礼物。

(3) 我的书在桌子上。

(4) 钱包里有很多钱。

(5) 墙上有什么？

## 3. 틀린 문장을 고치기

(1) 我们聊过一次天。

(2) 我帮了他两次忙。

(3) 妈妈教我汉语。

(4) 商场在电影院旁边。

(5) 学校里有饭店。

### 4. 심화작문

(1) 나는 그와 이야기를 두 번 나눈 적이 있어요. ➜ 我和他聊过两次天。
(2) 대학교 졸업하고 나서 무엇을 할 계획이에요? ➜ 大学毕了业，你打算做什么?
(3) 나는 샤워하면서 노래를 불러요. ➜ 我洗着澡唱歌。
(4) 그는 화를 내면서 나에게 말해요. ➜ 他生着气对我说。
(5) 나는 노래방에서 일본 노래를 부른 적이 있어요. ➜ 我在练歌房唱过日语歌。
(6) 그 여자는 결혼도 두 번 했고 이혼도 두 번 했어요.
➜ 那个女人结过两次婚，离过两次婚。
(7) 한국인들은 한국 전통 춤을 추는 것을 좋아해요. ➜ 韩国人喜欢跳韩国传统舞。
(8) 내 남자 친구는 나에게 시계를 하나 주었어요. ➜ 我的男朋友送我一块手表。
(9) 그는 나에게 약속 시간을 알려주지 않았어요. ➜ 他没告诉我约会时间。
(10) 나는 그에게 몇 번 물어봤어요. ➜ 我问了他几次。
(11) 나의 지갑은 침대 위에 있어요. ➜ 我的钱包在床上。
(12) 책꽂이에 무슨 책이 있어요? ➜ 书架上有什么书?
(13) 우체국은 약국 근처에 있어요. ➜ 邮局在药店附近。
(14) 약국 근처에는 우체국과 은행이 있어요. ➜ 药店附近有邮局和银行。
(15) 이 건물에는 식당、커피숍、영화관이 있어요. ➜ 这个楼里有饭店、咖啡厅、电影院。
(16) 영화관은 이 건물에 있어요. ➜ 电影院在这个楼里。
(17) 이 병원에는 현금지급기가 없어요. ➜ 这个医院里没有取款机。
(18) 은행은 병원 밖에 있어요. ➜ 银行在医院外边。
(19) 백화점에는 옷이 많이 있어요. ➜ 商场里有很多衣服。
(20) 당신의 차는 이 건물 밑에 있니요? ➜ 你的车在这个楼下吗？

## 05 연동문

### 试试看

(1) 그녀는 치마를 사 입고 싶어 해요. ➜ 她想买裙子穿。
(2) 우리는 어제 영화를 보러 갔었어요. ➜ 我们昨天去看电影了。
(3) 나는 자주 만년필로 글자를 써요. ➜ 我常常用钢笔写字。
(4) 나는 봄 소풍 갈 돈이 없어요. ➜ 我没有钱去春游。

# 06 동작의 진행과 상태의 지속

## 试试看

(1) 우리는 중국어 수업을 하고 있어요. ➜ 我们正在上汉语课呢。
(2) 나는 TV를 보고 있지 않아요. ➜ 我没看电视。
(3) 그는 녹색 모자를 쓰고 있어요. ➜ 他戴着绿色的帽子。
(4) 아이가 울면서 말해요. ➜ 孩子哭着说话。
(5) 선생님이 서서 강의해요. ➜ 老师站着讲课。
(6) 우리는 공부를 잘 해야 해요. ➜ 我们应该好好儿学习。

## 练习

### 1. 기초작문

(1) 나는 당신을 기다리고 있어요. ➜ 我正在等你。
(2) 백화점은 세일하고 있어요. ➜ 商场正在打折。
(3) 학생들이 체조를 하고 있어요. ➜ 学生们在做体操呢。
(4) 내년 이맘때 나는 아마 여행을 다니고 있을 거예요.
➜ 明年这个时候，我可能正在旅行呢。
(5) 학생이 선생님에게 질문하고 있어요. ➜ 学生正在问老师问题呢。
(6) 작년 3월에 나는 중국에서 중국어를 공부하고 있었어요.
➜ 去年三月，我正在中国学习汉语呢。
(7) 그는 지금 전화하고 있지 않아요. ➜ 他现在没打电话。
(8) 나는 숙제를 하고 있지 않고 놀고 있어요. ➜ 我没做作业，玩呢。
(9) 할아버지는 침대에 누워 있어요. ➜ 爷爷在床上躺着。
(10) 옷은 벽에 걸려 있어요. ➜ 衣服在墙上挂着。
(11) 그녀는 아이를 안고 있어요. ➜ 她抱着孩子。
(12) 에어컨은 켜 있지 않아요. ➜ 空调没开着。
(13) 밖에는 눈이 오고 있어요. ➜ 外边正下着雪呢。
(14) 테이블 위에 액자가 하나 놓여 있어요. ➜ 桌子上摆着一个相架。

(15) 누나의 눈은 매우 커요. ➜ 姐姐的眼睛大大的。

(16) 이 책은 매우 두꺼워요. ➜ 这本书厚厚的。

(17) 조급해하지 마세요. 천천히 드세요. ➜ 别着急，慢慢儿吃。

(18) 그의 방은 매우 깨끗해요. ➜ 他的房间干干静静的。

(19) 그들은 기쁘게 놀러 나갔어요. ➜ 他们高高兴兴地出去玩了。

(20) 나는 작은 선물을 하나 받았어요. ➜ 我收到了一个小小的礼物。

## 2. 단어를 배열하여 문장을 만들기

(1) 他们正在讨论问题。

(2) 墙上挂着一个空调。

(3) 爸爸给我一个大大的苹果。

(4) 孩子们认认真真地完成了今天的作业。

(5) 学生们正在读课文。

## 3. 틀린 문장을 고치기

(1) 他没戴着帽子。

(2) 我没买东西。

(3) 孩子们高高兴兴地出去了。

(4) 这个包大大的。

(5) 她的眼睛红红的。

## 4. 심화작문

(1) 그 학생은 음악을 들으면서 책을 봐요. ➜ 那个学生听着音乐看书。

(2) 그는 슬리퍼를 신고 학교에 가요. ➜ 他穿着拖鞋上学。

(3) 나는 기숙사에서 남자친구에게 편지를 쓰고 있어요.
➜ 我正在宿舍给男朋友写信呢。

(4) 내가 집에 갔을 때 엄마는 방을 청소하고 있었어요.
➜ 我回家的时候，妈妈正在打扫房间。

(5) 그 여자는 잠옷을 입고 뛰어나갔어요. ➜ 那个女人穿着睡衣跑出去了。

(6) 신문을 들고 있는 그 사람은 누구입니까? ➜ 那个拿着报纸的人是谁?

(7) 운동장에서는 축구 시합을 하고 있어요. ➜ 操场上正在举行足球比赛。

(8) 우리는 동물원에서 판다를 보고 있어요. ➜ 我们正在动物园看熊猫。

(9) 그녀는 옆방에서 피아노를 치고 있어요. ➜ 她正在隔壁弹钢琴呢。

(10) 그녀는 운동화를 신고 산책하는 것을 좋아해요. ➜ 她喜欢穿着运动鞋散步。

(11) 그는 TV를 보고 있지 않고 중간고사를 준비하고 있어요.
➜ 他没看电视，准备期中考试呢。

(12) 엄마는 밥하고 있지 않고 소파에 앉아 있어요. ➜ 妈妈没做饭，在沙发上坐着呢。

(13) 높은 테이블 위에 두꺼운 사전이 한 권 놓여 있어요.
➜ 高高的桌子上放着一本厚厚的词典。

(14) 넓은 교실 안에 학생 50명이 앉아 있어요. ➜ 宽宽敞敞的教室里坐着50个学生。

(15) 우리 집 앞에 넓은 길이 하나 있어요. ➜ 我家前边有一条宽宽的路。

(16) 아이들은 밥을 잘 먹어야 키가 클 수 있어요. ➜ 孩子们好好儿吃饭，才能长大个。

(17) 할아버지는 방에 조용히 앉아 있어요. ➜ 爷爷在房间里安安静静地坐着。

(18) 교실 안에 커다란 칠판이 하나 걸려 있어요. ➜ 教室里挂着一个大大的黑板。

(19) 그가 누군지 잘 생각해 보세요. ➜ 你好好儿想想他是谁。

(20) 내가 그의 집에 갔을 때 그는 짐을 정리하고 있었어요.
➜ 我去他家的时候，他正在收拾行李。

## 07 조동사

### 试试看

1. 나는 학교에 가려고 해요. ➜ 我要去学校。
2. 나는 오늘 밥을 먹고 싶지 않아요. ➜ 我今天不想吃饭。
3. 나는 영어를 할 줄 알아요. ➜ 我会说英语。
4. 너는 지각하지 말아야 해. ➜ 你不应该迟到。
5. 너는 열심히 공부해야 해. ➜ 你要努力学习。
6. 나는 내일 소풍 갈 수 있어요. ➜ 我明天能去春游。

### 练习

#### 1. 기초작문

(1) 나는 선생님이 되고 싶어요. ➜ 我想当老师。

(2) 나는 당신을 도와주려고 해요. ➜ 我要帮助你。

(3) 나는 혼자 있고 싶어요. ➜ 我想一个人呆着。

(4) 나는 내일 돌아올 수 있어요. ➜ 我明天能回来。

(5) 내 여동생은 프랑스를 할 줄 알아요. ➜ 我的妹妹会说法语。

(6) 지금부터 질문을 해도 돼요. ➜ 现在可以提问了。

(7) 오늘은 은행이 쉴 것 같아요. ➜ 今天银行应该休息。

(8) 내 남편은 담배를 피울 줄 몰라요. ➜ 我丈夫不会抽烟。

(9) 그는 틀림없이 지각하지 않을 거예요. ➜ 他一定不会迟到。

(10) 밥을 먹은 후에 양치질해야 해요. ➜ 吃饭后要刷牙。

(11) 나는 당신과 헤어지고 싶어요. ➜ 我想和你分手。

(12) 나는 정말로 잘 할 수 있어요. ➜ 我真的能做好。

(13) 당신은 그와 같이 있지 마세요. ➜ 你不要和他在一起。

(14) 여기서 큰 소리로 말하면 안 돼요. ➜ 在这儿不可以大声说话。

(15) 당신이 나를 좀 도와 줄 수 있나요? ➜ 你能帮我一个忙吗?

(16) 아이는 엄마의 말을 들어야 해요. ➜ 孩子应该听妈妈的话。

(17) 이번 시합에서 나는 우승을 쟁취하고 싶어요. ➜ 在这次比赛中，我想得冠军。

(18) 그는 당신 때문에 화났을 것 같아요. ➜ 他应该生你的气了。

(19) 할아버지는 문자를 보낼 줄 몰라요. ➜ 爷爷不会发短信。

(20) 나는 3개국 언어를 할 수 있어요. ➜ 我能说3国语言。

## 2. 단어를 배열하여 문장을 만들기

(1) 我不会打排球。

(2) 你得早点儿出发。

(3) 学生不应该喝酒。

(4) 我能试试这条裤子吗?

(5) 看电影时不可以大声说话。

## 3. 틀린 문장을 고치기

(1) 我很想吃面包。

(2) 我不能说英语。

(3) 我想用汉语说话。

(4) 我不想努力学习。

(5) 这件衣服怎么能这么漂亮呢?

## 4. 심화작문

(1) 나는 이번 주말에 친구들과 등산 가려고 해요. ➜ 这个周末我要和朋友去爬山。
(2) 감기에 걸렸으면 물을 많이 먹어야 해요. ➜ 感冒了，要多喝水。
(3) 아프면 약을 먹어야 해요. ➜ 病了，就应该吃药。
(4) 오늘은 금요일이야. 늦게 자도 돼요. ➜ 今天是星期五，可以晚点儿睡觉。
(5) 이 아이가 2살인데 아직 걸을 줄 몰라요. ➜ 这个孩子两岁了，但还不会走。
(6) 선생님도 그렇게 완벽하지 않을 거예요. ➜ 老师也不会那么完美。
(7) 학생은 학교 규정을 따라야 해요. ➜ 学生应该遵守学校规则。
(8) 나는 이번에 꼭 1등 할 거예요. ➜ 我这次一定要得第一。
(9) 이 세상에서 나는 오직 당신과만 결혼하고 싶어요.
➜ 在这个世界上我只想和你结婚。
(10) 나는 1시간에 10km 뛸 수 있어요. ➜ 我一个小时能跑10公里。
(11) 그는 춤도 출 줄 알고 노래도 부를 줄 알아요. ➜ 他又会跳舞，又会唱歌。
(12) 엄마가 오기 전에 나는 방을 청소해야 해요. ➜ 在妈妈回来之前，我得打扫房间。
(13) 생각만 하면 안 되고 실천해야 해요. ➜ 不能只想，要实践。
(14) 당신의 아들은 틀림없이 당신을 실망 시키지 않을 계예요.
➜ 你的儿子一定不会让你失望的。
(15) 당신은 한 끼에 만두를 몇개 먹을 수 있어요? ➜ 你一顿能吃几个饺子?
(16) 죄송하지만 제가 계속 말해도 돼요? ➜ 对不起，我能继续说吗?
(17) 중국에서 핸드폰을 사면 할부할 수 없어요. ➜ 在中国买手机不能分期付款。
(18) 그녀는 그 회색 옷을 더 좋아할 것 같아요. ➜ 她应该更喜欢那件灰色的衣服。
(19) 밤에 혼자서 집에 가면 조심해야 해요. ➜ 晚上一个人回家要小心。
(20) 당신은 내일 인민대표대회에 참석하러 가도 돼요.
➜ 你明天可以去参加人民代表大会。

# 08 정도보어

### 试试看

1. 나는 영어를 잘 해요. ➜ 我说英语说得很好。
2. 그는 축구를 잘 못 해요. ➜ 他踢足球踢得不好。

3. 할아버지는 일찍 자요. ➜ 爷爷睡觉睡得很早。
4. 비가 많이 와요. ➜ 雨下得很大。
5. 엄마가 나에게 일찍 일어나라고 해요. ➜ 妈妈让/叫我早点儿起床。
6. 선생님이 학생에게 열심히 공부하라고 해요. ➜ 老师让/叫学生努力学习。

## 练习

### 1. 기초작문

(1) 나는 수영을 잘 해요. ➜ 我游泳游得很好。
(2) 나는 빨리 뛰어요. ➜ 我跑得很快。
(3) 아이들이 즐겁게 놀아요. ➜ 孩子们玩得很开心。
(4) 할머니는 천천히 걸어요. ➜ 奶奶走得很慢。
(5) 그는 말을 정확하게 했어요. ➜ 他说得很对。
(6) 그는 밥을 많이 먹어요. ➜ 他吃饭吃得很多。
(7) 나는 어제 잘 잤어요. ➜ 昨天我睡得很好。
(8) 나는 일찍 일어나요. ➜ 我起得很早。
(9) 나는 라면을 맛있게 끓여요. ➜ 我煮方便面煮得很好吃。
(10) 우리 선생님은 중국어를 잘 가르쳐요. ➜ 我们老师教汉语教得很好。
(11) 그는 오늘 일찍 왔어요. ➜ 他今天来得很早。
(12) 우리 딸은 밥을 많이 안 먹어요. ➜ 我女儿吃饭吃得不多。
(13) 그녀는 그림을 굉장히 잘못 그려요. ➜ 她画画画得非常不好。
(14) 엄마가 아이에게 천천히 걸어가라고 해요. ➜ 妈妈让/叫孩子慢点儿走。
(15) 아빠가 나에게 밥을 먹으라고 해요. ➜ 爸爸让/叫我吃饭。
(16) 선생님이 나에게 말을 못하게 해요. ➜ 老师不让我说话。
(17) 의사가 나에게 단 음식을 먹지 말라고 해요. ➜ 大夫不让我吃甜食。
(18) 엄마가 나에게 에어컨을 끄라고 해요. ➜ 妈妈让/叫我关空调。
(19) 친구가 나에게 기차역에 가서 그녀를 마중하라고 해요.
➜ 朋友让/叫我去火车站接她。
(20) 의사가 나에게 매일 신체 단련하라고 해요. ➜ 大夫让/叫我每天锻炼身体。

## 2. 단어를 배열하여 문장을 만들기

(1) 他排球打得好不好？
(2) 你踢球踢得怎么样？
(3) 她笑得真开心。
(4) 你汉语说得真棒。
(5) 你做菜做得好不好吃？

## 3. 틀린 문장을 고치기

(1) 你打篮球打得好不好？
(2) 我英语说得不好。
(3) 他骑自行车骑得好。
(4) 你写字写得怎么样？
(5) 她写作业写得很慢。

## 4. 심화작문

(1) 나는 배구를 잘 못하지만 테니스는 잘 합니다.
➜ 我排球打得不好，但网球打得很好。
(2) 나는 옛날에 늦게 자고 일찍 일어났어요. ➜ 我以前睡得晚，起得早。
(3) 바람이 많이 불지만 날씨는 춥지 않아요. ➜ 风刮得很大，但天气不冷。
(4) 엄마는 노래를 잘 부르지만 자주 부르지는 않아요.
➜ 妈妈唱歌唱得很好，但不经常唱。
(5) 나는 어렸을 때부터 피아노를 잘 쳤어요. ➜ 我从小钢琴就弹得好。
(6) 요즘 나는 매우 바빠요. 밥조차 먹을 시간이 없어요.
➜ 最近我忙得很，连饭都没有时间吃。
(7) 나는 눈이 아플 정도로 책을 봤어요. ➜ 我看书看得眼睛疼。
(8) 그는 담배를 많이 피워요. 그러나 술은 많이 안 마셔요.
➜ 他抽烟抽得很厉害，但喝酒喝得不厉害。
(9) 이 아이가 말을 뚜렷하게 해서 나는 다 알아들었어요.
➜ 这个孩子话说得很清楚，我都听懂了。
(10) 나는 영어를 잘 못하는데, 너는 어때? ➜ 我英语说得不好，你说得怎么样？
(11) 그는 너무 기뻐서 집에 가는 것조차도 잊어버렸어요. ➜ 他高兴得连回家都忘了。
(12) 방에는 마치 한 사람도 없는 듯이 조용해요. ➜ 房间里安静得好像一个人都没有。

(13) 그의 병이 그를 고통스럽게 해요. ➜ 他的病使/让/叫他很痛苦。

(14) 아빠는 아들이 게임을 못하게 해요. ➜ 爸爸不让儿子玩游戏。

(15) 아내가 나에게 마트에 가서 고기를 사오라고 해요. ➜ 妻子让/叫我去超市买肉。

(16) 그들의 헤어짐은 그를 고통스럽게 해요. ➜ 他们的分手使/让/叫他很痛苦。

(17) 신선한 꽃은 캠퍼스를 더 예뻐지게 해요. ➜ 鲜花使/让/叫校园变得更漂亮。

(18) 당신의 인품은 늘 나를 감동하게 해요. ➜ 你的人品总是使/让/叫我很感动。

(19) 이번에 내린 눈은 온 캠퍼스를 하얗게 했어요.
➜ 这场大雪使/让/叫整个校园变白了。

(20) 아들의 돌아옴은 결코 부모를 기쁘게 하지 못했어요.
➜ 儿子的回来并没有让父母高兴。

## 09 결과보어

### 试试看

1. 나는 숙제를 다 했어요. ➜ 我做完作业了。
2. 그는 방 청소를 깨끗하게 했어요. ➜ 他打扫干净房间了。
3. 나는 전화를 잘못 걸었어요. ➜ 我打错电话了。
4. 영화표를 다 팔았어요. ➜ 电影票都卖完了。
5. 나는 핸드폰을 못 찾았어요. ➜ 我没找到手机。
6. 자동차 수리를 아직 다 못 했어요. ➜ 汽车还没修好。

### 练习

#### 1. 기초작문

(1) 나는 밥을 다 했어요. ➜ 我做完饭了。

(2) 사과는 다 팔렸어요. ➜ 苹果都卖光了。

(3) 나는 가방을 잘못 가지고 왔어요. ➜ 我拿错书包了。

(4) 기숙사를 깨끗하게 청소했어요. ➜ 宿舍打扫干净了。

(5) 당신이 하는 말을 알아들었어요. ➜ 我听懂你说的话了。

(6) 그는 시계를 고쳤어요. ➜ 他修好手表了。

(7) 나는 일자리를 찾았어요. ➜ 我找到工作了。

(8) 나는 그의 얼굴을 뚜렷하게 보았어요. ➜ 我看清楚他的脸了。

(9) 그는 이 단어를 기억하지 못했어요. ➜ 他没记住这个单词。

(10) 우리는 제4과까지 배웠어요. ➜ 我们学到了第4课。

(11) 나는 뚜렷하게 못 들어서 한번만 더 말씀해 주세요. ➜ 我没听清楚，请再说一遍。

(12) 나는 찾아봤는데 못 찾았어요. ➜ 我找是找了，但没找到。

(13) 나는 먹기는 먹었는데 다 먹지 못했어요. ➜ 我吃是吃了，但没吃完。

(14) 나는 팔기는 팔았는데 다 팔지 못했어요. ➜ 我卖是卖了，但没卖光。

(15) 나는 집에 가는 비행기 표를 샀어요. ➜ 我买到了回家的机票。

(16) 우리 집은 서울로 이사했어요. ➜ 我家搬到首尔了。

(17) 누나가 의자에 앉았어요. ➜ 姐姐坐在椅子上了。

(18) 나는 그를 못 봤어요. ➜ 我没有看见他。

(19) 당신은 사람을 잘못 봤어요. ➜ 你看错人了。

(20) 나는 선물을 사 놨어요. ➜ 我买好礼物了。

## 2. 단어를 배열하여 문장을 만들기

(1) 他吃完晚饭就走。

(2) 我接住了篮球。

(3) 我没记住你的名字。

(4) 她找到了男朋友。

(5) 我洗干净衣服以后去找你。

## 3. 틀린 문장을 고치기

(1) 别叫我，我还没睡醒。

(2) 我看错题了。

(3) 你找我干什么?

(4) 你看见我的手机了吗?

(5) 我没听懂你的意思。

## 4. 심화작문

(1) 나는 버스를 탄 후에 비로소 잘못 탄 것을 알게 되었어요.

➜ 我上了巴士以后，才知道坐错了。

(2) 어제 시험에 나는 두 문제를 잘 못 풀었어요. ➜ 昨天的考试，我做错了两道题。

(3) 미안합니다. 제가 1시간 늦었습니다. ➜ 对不起，我来晚了一个小时。

(4) 당신이 필요한 자료를 이미 준비해 놓았어요. ➜ 你需要的材料已经准备好了。

(5) 옷이 이렇게 더러운데 깨끗이 빨 수 있나요? ➜ 衣服这么脏，能不能洗干净?

(6) 나는 오늘 학교에서 10시까지 있다가 비로소 집에 들어왔어요.

➜ 我今天在学校呆到10点，才回家。

(7) 그는 단숨에 집까지 뛰어갔어요. ➜ 他一口气跑到了家。

(8) 그는 준비해 놓은 선물을 부쳤어요. ➜ 他寄走了买好了的礼物。

(9) 내가 집에 갔을 때 그 아이는 게임을 하고 있는 것을 봤어요.

➜ 我回家的时候，看见那个孩子在玩游戏。

(10) 내 룸메이트가 내 지갑을 훔쳐갔어요. ➜ 我的同屋偷走了我的钱包。

(11) 나는 그가 나에게 보내 준 선물을 받았어요. ➜ 我收到了他给我寄的礼物。

(12) 영화가 끝났어요. 사람들이 다 가 버렸어요. ➜ 电影散场了，人都走光了。

(13) 밥을 다 먹었어요. 그러나 아직 배가 안 불러요. ➜ 饭都吃没了，但肚子还没饱。

(14) 그 사람이 뭐라고 말하고 있는지를 저는 뚜렷하게 못 들었어요.

➜ 我没听清楚那个人说的是什么。

(15) 나의 아내는 어렸을 때부터 중국에서 살았어요. ➜ 我的妻子从小就住在中国。

(16) 그는 짐을 다 정리하고 공항에 갔어요. ➜ 他整理好行李，去机场了。

(17) 나는 안경을 하루 종일 찾았는데 못 찾았어요. ➜ 我找了一天眼镜，也没找到。

(18) 나는 한 시간 동안 단어를 외웠는데 하나도 기억하지 못했어요.

➜ 我背了一个小时单词，但一个也没记住。

(19) 방을 깨끗하게 청소하지도 않고 엄마는 나가셨어요.

➜ 房间还没打扫干净，妈妈就出去了。

(20) 아들이 병상 앞에 앉아 있는데 말을 한마디도 안 해요.

➜ 儿子坐在病床前，一句话也不说。

## 10 把자구

### 试试看

1. 나는 창문을 닫았어요. ➜ 我把窗户关上了。
2. 그는 방 청소를 깨끗하게 했어요. ➜ 他把房间打扫干净了。
3. 그는 오늘의 숙제를 다 하지 못했어요. ➜ 他没把今天的作业做完了。
4. 나는 당신을 안 잊었어요. ➜ 我没把你忘了。
5. 나는 여자 친구를 집까지 바래다주었어요. ➜ 我把女朋友送到家了。
6. 나는 책을 책상 위에 놓았어요. ➜ 我把书放在书桌上了。

### 练习

#### 1. 기초작문

(1) 나는 안전벨트를 잘 매었어요. ➜ 我把安全带系好了。
(2) 카메라를 빨리 주세요. ➜ 快把照相机给我。
(3) 아이들이 옷을 잘 입었어요. ➜ 孩子把衣服穿好了。
(4) TV를 켜세요. ➜ 请把电视打开。
(5) 나는 건전지를 꽂았어요. ➜ 我把电池插上了。
(6) 입을 열어보세요. ➜ 请把嘴张开。
(7) 어제 나는 숙제를 가방 안에 넣었어요. ➜ 昨天我把作业放在书包里了。
(8) 나는 달을 해로 봤어요. ➜ 我把月亮看成太阳了。
(9) 나는 이 책을 중국어로 번역했어요. ➜ 我把这本书翻译成汉语了。
(10) 그는 지도를 벽에 걸었어요. ➜ 他把地图挂在墙上了。
(11) 나는 아이를 유치원에 보냈어요. ➜ 我把孩子送到幼儿园了。
(12) 나는 10시를 4시로 들었어요. ➜ 我把10点听成4点了。
(13) 그녀는 어제의 숙제를 선생님에게 제출했어요. ➜ 她把昨天的作业交给老师了。
(14) 나는 학생을 선생님으로 봤어요. ➜ 我把学生看成老师了。
(15) 나는 자전거를 친구에게 줬어요. ➜ 我把自行车送给朋友了。
(16) 당신은 꼭 중국어를 잘 해야 해요. ➜ 你一定要把汉语学好。

(17) 그는 트렁크를 가지고 갔어요. ➜ 他把箱子拿走了。

(18) 그는 만년필을 고장 냈어요. ➜ 他把钢笔弄坏了。

(19) 당신은 그 사람을 잘못 봤어요. ➜ 你把那个人(给)看错了。

(20) 나는 선물을 사 놓았어요. ➜ 我把礼物买好了。

## 2. 단어를 배열하여 문장을 만들기

(1) 请把灯开开。

(2) 你把报纸给我。

(3) 你把书拿出来了吗?

(4) 请把手机和钱包给我。

(5) 他把苹果给卖了。

## 3. 틀린 문장을 고치기

(1) 我没把书包里的书拿出来。

(2) 请快把药喝了。

(3) 我把书放在书桌上。

(4) 我把书看完了。

(5) 我把受伤的老人送到医院了。

## 4. 심화작문

(1) 교실의 공기가 안 좋아요. 창문을 열어요. ➜ 教室里空气不好，请把窗户打开。

(2) 집에 들어간 후에 손을 깨끗이 씻어야 해요. ➜ 回家以后，要把手洗干净。

(3) 나는 이미 이 일을 당신에게 알려 드렸어요. ➜ 我已经把这件事告诉你了。

(4) 나는 한국 돈을 인민폐로 바꾸었어요. ➜ 我把韩元换成人民币了。

(5) 방이 매우 추워요. 저 옷을 저에게 건네주세요.

➜ 房间里很冷，请你把那件衣服递给我。

(6) 나는 1000위안은 한국 돈으로 바꾸었고 1000위안은 달러로 바꾸었어요.

➜ 我把1000元换成了韩币，把另1000元换成了美元。

(7) 나는 어제 편지를 차에 놓았어요. ➜ 我昨天把信放在车里了。

(8) 건강을 위해서 나는 담배를 끊어야겠어요. ➜ 为了健康，我应该把烟戒了。

(9) 이 아이는 키가 커요. 나는 그를 어른으로 보았어요.

➜ 这个孩子个子很高，我把他看成大人了。

(10) 나는 운전해서 친구를 공항까지 배웅해 주었어요. ➜ 我开车把朋友送到了机场。
(11) 선생님이 시험 날짜를 잘못 말했어요. ➜ 老师把考试日期说错了。
(12) 그는 짐을 집으로 보내려고 해요. ➜ 他要把行李送回家。
(13) 그는 안 쓰는 책을 창고로 옮겼어요. ➜ 他把不用的书搬到仓库了。
(14) 나는 카드에 있는 마일리지를 돈으로 바꾸었어요. ➜ 我把卡上的积分换成钱了。
(15) 내 아내가 빌린 돈을 그에게 갚았어요. ➜ 我的妻子把借的钱还给他了。
(16) 잠자기 전에 나는 알람시계를 협탁에 놓았어요.
➜ 睡觉前，我把闹钟放在床头柜上了。
(17) 당신의 생각을 나에게 알려 주세요. ➜ 请你把你的想法告诉我。
(18) 나는 컴퓨터를 택시에 두고 내렸어요. ➜ 我把电脑放在出租车上，下车了。
(19) 미국은 한국 군인을 한국으로 보냈어요. ➜ 美国把韩国军人送回韩国了。
(20) 내가 간판을 어디에 걸어 놓아야 해요? ➜ 我应该把牌子挂在哪儿?

## 11 방향보어

### 试试看

1. 그는 핸드폰을 가지고 왔어요. ➜ 我把手机带来了。
2. 엄마가 야채를 좀 사왔어요. ➜ 妈妈买来了一些蔬菜。
3. 학생들이 교실로 걸어서 들어가요. ➜ 学生们走进教室。
4. 일어서세요. 손님이 왔어요. ➜ 站起来，客人来了。
5. 한 아이가 뛰어왔어요. ➜ 一个孩子跑过来了。
6. 그는 필요한 책을 다 빌려왔어요. ➜ 他把要看的书都借来了。

### 练习

#### 1. 기초작문

※ 단순 방향보어

(1) 그는 음료수를 한 병 사왔어요. ➜ 他买来了一瓶饮料。

(2) 남동생이 방에서 걸어 나갔어요. ➜ 弟弟走出了房间。

(3) 그는 모자를 들고 나갔어요. ➜ 他拿起帽子走了。

(4) 그녀는 혼자서 강의실로 들어가요. ➜ 她一个人走进教室。

(5) 나는 북경 특산물을 우리나라로 부쳤어요. ➜ 我把北京特产邮回国了。

(6) 5시 전에 돌아올 수 있나요? ➜ 5点以前，能不能回来？

(7) 당신은 앉아서 천천히 먹어요. ➜ 你坐下慢慢儿吃。

(8) 오늘 할아버지는 8시에 바로 (침대에) 누웠어요.

➜ 今天爷爷8点就躺下了。

(9) 그는 그 산에 올라갔어요. ➜ 他爬上了那座山。

(10) 당신은 왜 이 방에서 나갔나요? ➜ 你为什么走出了这个房间?

❊ 복합 방향보어

(11) 빨리 뛰어 올라와. ➜ 快跑上来。

(12) 천천히 걸어 내려가. ➜ 慢慢地走下去。

(13) 버튼을 누르세요. ➜ 请把按钮按下去。

(14) 연이 날아올랐어요. ➜ 风筝飞起来了。

(15) 그녀는 계단에서 걸어 내려왔어요. ➜ 她从楼梯上走下来了。

(16) 그는 아이를 안아 올렸어요. ➜ 他把孩子抱起来了。

(17) 그녀는 옷을 많이 사 왔어요. ➜ 她买回来了很多衣服。

(18) 나는 쓰레기를 내버렸어요. ➜ 我把垃圾扔出去了。

(19) 숙제를 꺼내 주세요. ➜ 请你把作业拿出来。

(20) 지하철이 끊겼어요. 나는 혼자 걸어서 돌아왔어요.

➜ 没有地铁了，我一个人走回来的。

## 2. 단어를 배열하여 문장을 만들기

(1) 请把粉笔拿过来。

(2) 他抽出了一张手纸。

(3) 你把信掏出来看看。

(4) 你把报纸给我递上来。

(5) 我的同屋买回来很多水果。

## 3. 틀린 문장을 고치기

(1) 我看见他走进屋去了。

(2) 你快把药喝下去。

(3) 你别跳下去，危险。

(4) 我想买回去看看。

(5) 好孩子，快走过来。

## 4. 심화작문

(1) 방금 나비 한 마리가 내 머리 위에서 날아 지나갔어요.
➜ 刚刚一只蝴蝶从我头上飞过去了。

(2) 엄마가 나에게 먹을 것을 많이 보내 왔어요.
➜ 妈妈给我寄来了很多吃的东西。

(3) 그녀는 핸드폰을 책가방에서 꺼냈어요.
➜ 她把手机从书包里掏出来了。

(4) 자동차 한 대가 학교 정문으로부터 지나갔어요.
➜ 一辆汽车从学校门口开过去了。

(5) 그는 일어서서 선생님에게 인사했어요.
➜ 他站起来向老师打了招呼。

(6) 날씨가 매우 추워요. 그는 나에게 난로 하나를 보냈어요.
➜ 天气很冷，他给我送来了一个暖炉。

(7) 그녀는 뛰어서 방으로 들어가 "엄마"라고 불렀어요.
➜ 她跑进屋里，喊了声"妈妈！"。

(8) 그는 커피를 들고 위층으로 올라갔어요. ➜ 他端着咖啡上楼去了。

(9) 그는 아이들에게 책을 많이 가지고 왔어요.
➜ 他给孩子们带来了很多书。

(10) 이 커피를 사장님에게 갖다 드리세요. (화자의 위치 : 아래층)
➜ 你把这杯咖啡给老板送上去。

(11) 나는 옷을 세탁소에서 찾아 왔어요. ➜ 我把衣服从干洗店取回来了。

(12) 나는 돈을 부치는 것을 잊었어요. ➜ 我忘了把钱寄出去。

(13) 이 아이가 열쇠를 꽂아 놓았어요. ➜ 这个孩子把钥匙插上去了。

(14) 나는 카드를 빼는 것을 잊었어요. ➜ 我忘了把卡拔下来。

(15) 나는 그녀가 서점에서 걸어서 나오는 것을 보았어요.
➜ 我看见她从书店里走出来了。

(16) 이 산을 걸어 지나면 바로 나의 고향이에요. ➜ 走过这座山就是我的老家。

(17) 500 미터를 끝까지 뛸 수 있나요? ➜ 500米你能跑下来吗?

(18) 그는 바지 주머니에서 펜 한 자루를 꺼냈어요.

➜ 他从裤兜里拿出了一支笔。

(19) 그는 전구를 빼냈어요. ➜ 他把灯泡摘下来了。

(20) 우리는 꼭 견지해 나가야 해요. ➜ 我们一定要坚持下去。

# 12 가능보어

## 试试看

1. 나는 이 밥을 다 먹을 수 없어요. ➜ 我吃不完这些饭。
2. 이 방 청소를 깨끗하게 할 수 없어요. ➜ 这个房间打扫不干净。
3. 나는 영화표를 구할 수 없어요. ➜ 我买不到电影票。
4. 이 산은 내가 올라갈 수 없어요. ➜ 这座山我爬不上去。
5. 내 안경이 룸메이트에 의해서 깨졌어요. ➜ 我的眼镜被我的同屋打碎了。
6. 딸이 엄마한테 혼났어요. ➜ 女儿被妈妈骂了。

## 练习

### 1. 기초작문

※ 가능보어1

(1) 이 칠판을 깨끗하게 닦을 수 없어요. ➜ 这个黑板擦不干净。

(2) 나는 영어를 알아들을 수 있어요. ➜ 我听得懂英语。

(3) 그는 너무 뚱뚱해서 지나갈 수 없어요. ➜ 他太胖了，过不去。

(4) 산이 너무 높아서 올라갈 수 없어요. ➜ 山太高了，爬不上去。

(5) 나는 이 짐을 옮길 수 없어요. ➜ 我搬不动这个行李。

(6) 너무 일러요. 나는 일어날 수 없어요. ➜ 太早了，我起不来。

(7) 12시 전에 나는 돌아올 수 있어요. ➜ 12点以前，我回得来。

**※ 가능보어2**

(8) 당신은 올 수 있어요? 올 수 없어요? ➜ 你来得了，来不了？
(9) 내일 일이 있어서 나는 참석할 수 없어요. ➜ 明天我有事，参加不了。
(10) 나는 카드가 없어서 집에 갈 수 없어요. ➜ 我没有卡，回不了家。
(11) 나는 매운 것을 먹을 수 없어요. ➜ 我吃不了辣的。
(12) 옷을 이렇게 많이 샀어요! 다 입을 수 있나요?
➜ 买了这么多衣服! 穿得了吗？
(13) 내일 날씨가 맑아요. 비가 내릴 수 없어요. ➜ 明天天气很晴，下不了雨。
(14) 눈이 아파서 TV를 볼 수 없어요. ➜ 眼睛很疼，看不了电视。

**※ 피동문**

(15) 그 토끼는 포수에게 잡혔어요. ➜ 那个兔子被/让/叫猎人抓到了。
(16) 그의 신발이 그에 의해서 잘못 신겼어요.
➜ 他的鞋子被/让/叫他穿错了。
(17) 나의 열쇠가 나에 의해서 잃어버렸어요. ➜ 我的钥匙被/让/叫我弄丢了。
(18) 컴퓨터가 그에 의해서 팔리게 되었어요. ➜ 电脑被/让/叫他卖了。
(19) 그 아이는 모기에게 물렸어요. ➜ 那个孩子被/让/叫蚊子咬了。
(20) 내 여권이 몰수를 당했어요. ➜ 我的护照被没收了。

## 2. 단어를 배열하여 문장을 만들기

(1) 我还是买不到机票。
(2) 这个屋子装得下1000人。
(3) 我拿得出这么多钱。
(4) 我看得清楚黑板上的字。
(5) 他不小心被火烫了。

## 3. 틀린 문장을 고치기

(1) 我今天去不了。
(2) 面包没被人拿走。
(3) 我掏不出来钱。

(4) 我这辈子也忘不了他。

(5) 他的自行车叫人弄坏了。

## 4. 심화작문

(1) 나는 귀국하는 비행기 표를 구할 수 없어요. ➜ 我买不到回国的机票。

(2) 나는 이 책을 하나도 알아보지 못해요. ➜ 这本书我一点儿都看不懂。

(3) 오늘 기분이 안 좋아서 밥이 넘어가지 않아요. ➜ 今天心情不好，吃不进去饭。

(4) 앞에 돌이 하나 있어서 차가 지나갈 수 없어요. ➜ 前面有一个石头，车开不过去。

(5) 열쇠가 고장 나서 뽑히질 않아요. ➜ 钥匙坏了，拔不下来。

(6) 그는 허리를 다쳤어요. 지금 일어설 수 없어요. ➜ 他的腰受伤了，现在站不起来。

(7) 그가 외국에 나갔어요. 나는 그를 찾을 수 없어요. ➜ 他去外国了，我找不到他。

(8) 이 옷이 너무 비싸서 나는 살 수 없어요. ➜ 这件衣服太贵了，我买不起。

(9) 나는 10km 끝까지 뛸 수 없어요. ➜ 10公里我跑不下来。

(10) 나는 이 단어를 항상 제대로 기억하지 못해요. ➜ 这个单词我总是记不住。

(11) 내 가방이 너무 작아서 이 사전이 안 들어가요.
➜ 我的包太小了，这个词典放不进去。

(12) 이 자동차는 너무 낡았어요. 이미 고쳐지지 않아요.
➜ 这辆汽车太旧了，已经修不好了。

(13) 우리의 식량이 이미 많지 않아요. 다음 달까지 먹을 수 없어요.
➜ 我们的粮食已经不多了，吃不到下个月。

(14) 우리의 생활은 아주 어렵지만 아직도 견지해 나갈 수 있어요.
➜ 我们的生活很难，但还坚持得下去。

(15) 그녀는 뱀에 물려서 상처 났어요. ➜ 她被/让/叫蛇咬伤了。

(16) 그 도둑은 경찰에게 잡혀갔어요. ➜ 那个小偷被/让/叫警察抓走了。

(17) 그녀는 왜 자주 남들에게 의심을 받나요? ➜ 她为什么总是被/让/叫人怀疑？

(18) 중국어를 한국어로 번역하게 되었어요. ➜ 汉语被翻译成韩语了。

(19) 그 아이는 엄마가 데리고 갔어요. ➜ 那个孩子被/让/叫妈妈带走了。

(20) 내 자전거는 자동차에 부딪쳐 고장 났어요. ➜ 我的自行车被/让/叫汽车撞坏了。

## 13 시량보어, 동량보어, 수량보어

### 试试看

1. 나는 체조를 1시간 동안 했어요. ➜ 我做了1个小时的体操。
2. 나는 태권도를 3년 동안 배웠어요. ➜ 我学了3年的跆拳道。
3. 나는 북경에 한번 가 보았어요. ➜ 我去过一次北京。
4. 나는 이 영화를 5번이나 보았어요. ➜ 这个电影我看了5遍。
5. 10분만 기다려 줄 수 있나요? ➜ 你能等我10分钟吗?
6. 나는 5000미터 뛸 수 있어요. ➜ 我能跑5000米。

### 练习

#### 1. 기초작문

**❊ 시량보어**

(1) 당신은 중국어를 얼마 동안 공부했어요? ➜ 你学了多长时间汉语?
(2) 나는 5일 동안 아팠어요. ➜ 我病了5天。
(3) 그녀는 1시간 동안 전화했어요. ➜ 她打了1个小时电话。
(4) 나는 그와 4시간 동안 이야기 나누었어요. ➜ 我和他聊了4个小时的天。
(5) 나는 그를 한 달 동안 찾았어요. ➜ 我找了他1个月。
(6) 나는 오후 내내 수영했어요. ➜ 我游泳游了一下午。
(7) 나는 대학교를 졸업한지 3년이 됐어요. ➜ 我大学毕业三年了。

**❊ 동량보어**

(8) 당신은 중국에 몇 번 가 봤어요? ➜ 你去过几次中国?
(9) 나는 중국 요리를 두 번 먹어 봤어요. ➜ 我吃过两次中国菜。
(10) 이 영화를 나는 한번 봤어요. ➜ 这个电影我看过一遍。
(11) 나는 이전에 한번 결혼한 적이 있어요. ➜ 我曾经结过一次婚。

(12) 이 편지를 나는 두 번 읽었어요. ➜ 这封信我读了两遍。

(13) 다시 한 번 말씀해 주세요. ➜ 请你再说一遍。

(14) 이번 주에 비가 세 번 내렸어요. ➜ 这个星期下了三次雨。

❇ 수량보어

(15) 당신은 동생보다 몇 살 더 많아요? ➜ 你比妹妹大几岁?

(16) 당신은 그보다 키가 몇 센티미터 더 커요? ➜ 你比他高几厘米?

(17) 나는 단숨에 10km 뛸 수 있어요. ➜ 我一口气能跑10公里。

(18) 기차가 430km 달렸어요. ➜ 火车开了430公里。

(19) 비행기가 800km 날았어요. ➜ 飞机飞了800公里。

(20) 그는 수영을 100m 할 수 있어요. ➜ 他游泳能游100米。

## 2. 단어를 배열하여 문장을 만들기

(1) 我坐火车坐了3个小时。

(2) 他打了我3下儿。

(3) 我爱他很多年了。

(4) 我在中国生活了20年。

(5) 我在家玩了一下午。

## 3. 틀린 문장을 고치기

(1) 我等了你一个小时。

(2) 这个小说我看了两遍。

(3) 我去了三次北京。

(4) 这封信我看了三遍。

(5) 我坐了5个小时的火车。

## 4. 심화작문

(1) 나는 택시를 30분 동안 잡아 드디어 잡았어요.

➜ 我打了半个小时的车，终于打到了。

(2) 나는 북경에서 3년 동안 살았는데 계속 살고 싶어요.

➜ 我在北京住了三年了，还想继续住下去。

(3) 나는 인터넷을 30분만 하면 머리가 아파요. ➜ 我上网上半个小时就头疼。

(4) 나는 이 영화를 이미 3번이나 봤는데 한 번 더 보고 싶어요.

➜ 这个电影我已经看了三遍了，但还想再看一遍。

(5) 판사가 3번 두드리고 사건을 판결했어요. (상황 : 갔다온 후)

➜ 法官敲了三下儿，案子判了。

(6) 나는 하얼빈에 서너 번 가 봤어요. ➜ 我去过三四趟哈尔滨。

(7) 북경의 온도가 서울보다 대략 2℃ 더 높아요. ➜ 北京的温度比首尔高2℃。

(8) 선생님은 여러 번 이야기했어요. 그러나 학생들은 아직도 못 알아들었어요.

➜ 老师说了很多遍，但学生们还是没听懂。

(9) 이 책을 나는 이미 두 번 봤어요. ➜ 这本书我已经看过两遍了。

(10) 이 옷을 나는 한번 빨았어요. 그러나 깨끗하게 빨리지 않았어요.

➜ 这些衣服我洗了一遍，但没洗干净。

(11) 나는 다음 주에 출장을 한 번 다녀오려고 해요. ➜ 下星期我要出一趟差。

(12) 당신은 일주일에 몇 시간 동안 수업을 들어요? ➜ 你一个星期上几个小时的课?

(13) 당신은 이 회사에서 몇 년 일했어요? ➜ 你在这个公司工作几年了?

(14) 아버지는 매일 아침에 한 시간 동안 신문을 읽어요.

➜ 爸爸每天早上看一个小时的报纸。

(15) 대학교에 들어가고 나서 나는 늦잠을 한번밖에 못 잤어요.

➜ 上了大学以后，我只睡了一次懒觉。

(16) 기차를 타는 것은 비행기를 타는 것보다 1000위엔 싸요.

➜ 坐火车比坐飞机便宜1000块。

(17) 그녀는 뒤에서 내 등을 한번 두드렸어요. ➜ 她在后边敲了一下我的后背。

(18) 시간이 참 빨리 지나가요. 나는 그녀와 결혼한 지 5년이 다 돼 가요.

➜ 时间过得真快，我和她结婚快5年了。

(19) 요즘 너무 바빠요. 매일 다섯 시간밖에 못 자요.

➜ 最近很忙，每天只能睡5个小时。

(20) 시간이 있으면 당신이 약을 사러 약국에 한번 다녀오세요.

➜ 有时间，你去一趟药店买点儿药。

# 14 비교문

## 试试看

1. 베이징은 서울보다 조금 추워요. ➜ 北京比首尔冷一点儿。
2. 동생은 나보다 키가 많이 커요. ➜ 妹妹比我高得多。
3. 오빠는 나보다 9살 많아요. ➜ 哥哥比我大9岁。
4. 당신의 동생은 당신만큼 예뻐요? ➜ 你的妹妹有你那么漂亮吗？
5. 베이징의 물가는 한국과 똑같이 비싸요. ➜ 北京的物价跟韩国一样贵。
6. 서울은 부산만큼 따뜻하지 않아요. ➜ 首尔没有釜山暖和。

## 练习

### 1. 기초작문

※ "比"를 사용한 비교문

(1) 축구는 농구보다 재미있어요. ➜ 足球比篮球有意思。
(2) 그는 나보다 능력이 있어요. ➜ 他比我有能力。
(3) 컴퓨터는 사람보다 총명해요. ➜ 电脑比人聪明。
(4) 러시아는 하얼빈보다 추워요. ➜ 俄罗斯比哈尔滨冷。
(5) 저 옷은 내 것보다 조금 비싸요. ➜ 那件衣服比我的贵一点。
(6) 중국은 한국보다 많이 커요. ➜ 中国比韩国大得多。
(7) 사천 사람은 한국 사람보다 매운 것을 더 좋아해요.
➜ 四川人比韩国人更爱吃辣的。
(8) 내 영어 실력은 중국어 실력보다 조금 나아요.
➜ 我的英语水平比汉语水平好一点儿。
(9) 노란 것이 예쁜데, 빨간 것은 노란 것보다 더 예뻐요.
➜ 黄色的漂亮，红色的比黄色的更漂亮。
(10) 집은 어디보다도 편해요. ➜ 家比哪儿都舒服。

### ❊ 동등 비교문

(11) 수박은 참외와 똑같이 달아요. ➜ 西瓜跟香瓜一样甜。
(12) 겨울의 경치는 여름과 똑같이 아름다워요. ➜ 冬天的风景跟夏天的一样好看。
(13) 한국의 겨울은 여기만큼 추워요? ➜ 韩国的冬天有这儿冷吗？
(14) 서울의 여름은 북경만큼 그렇게 더워요. ➜ 首尔的夏天有北京那么热。
(15) 그 지갑은 손바닥만큼 커요. ➜ 那个钱包有手掌那么大。

### ❊ 비교문의 부정

(16) 이 가방은 저 가방과 같지 않아요. ➜ 这个包跟那个包不一样。
(17) 내일의 날씨가 오늘보다 좋지 못해요. ➜ 明天的天气没有 / 不如今天好。
(18) 언니는 나보다 뚱뚱하지 못해요. ➜ 姐姐没有 / 不如我胖。
(19) 이 핸드폰은 내 것과 같지 않아요. ➜ 这个手机跟我的不一样。
(20) 나는 그만큼 먹는 것을 좋아하지 않아요. ➜ 我没有 / 不如他那么爱吃。

## 2. 단어를 배열하여 문장을 만들기

(1) 这双鞋比那双便宜。
(2) 我比她更喜欢中国。
(3) 你有他那么勇敢吗？
(4) 他没有我打字打得快。
(5) 我跟她一样喜欢中国。

## 3. 틀린 문장을 고치기

(1) 妹妹比我高很多。
(2) 你的手机跟这个一样。
(3) 我没有他那么酷。
(4) 姐姐比我高2厘米。
(5) 这本书没有那本书难。

## 4. 심화작문

(1) 오늘의 기온은 어제보다 3℃ 높아요. ➜ 今天的气温比昨天高3摄氏度。

(2) 그는 나보다 노래를 잘 불러요. ➜ 他唱歌唱得比我好。

(3) 나는 당신보다 일찍 일어나요. ➜ 我起床起得比你早。

(4) 그는 나보다 한자를 많이 알아요. ➜ 他汉字认识得比我多。

(5) 이 영화가 저 영화만큼 좋아요? ➜ 这个电影有那个好吗？

(6) 영어를 배우는 것은 내가 생각했던 것보다 쉬워요. ➜ 学习英语比我想象的简单。

(7) 이 커피숍은 저 커피숍보다 분위기가 좋지 않아요. ➜ 这个咖啡厅不如那个气氛好。

(8) 나는 그녀와 똑같이 노래를 부르는 것에 대해서 관심이 많아요.
➜ 我跟她一样对唱歌感兴趣。

(9) 내 남편은 키가 작아요. 나는 그보다 더 작아요.
➜ 我的爱人个子很矮，我比他个子更矮。

(10) 건강은 어떤 것보다도 중요해요. ➜ 健康比什么都重要。

(11) 그는 누구보다도 시험을 잘 봤어요. ➜ 他考试考得比谁都好。

(12) 이 책은 어떤 책보다도 재미있어요. ➜ 这本书比哪本都有意思。

(13) 그는 나보다 노래를 잘 부르지 못해요. ➜ 他唱歌唱得没有我好。

(14) 그는 나보다 수영이 빠르지 못해요. ➜ 他游泳游得没有我快。

(15) 그는 영어를 나보다 유창하게 하지 못해요. ➜ 他英语说得没有我流利。

(16) 나는 할아버지보다 일찍 자지 않아요. ➜ 我没有爷爷睡得早。

(17) 이 영화는 내 생각보다 좋지 않아요. ➜ 这个电影不如我想象的好。

(18) 비록 내가 너보다 노래를 잘 부르지 못하지만 너보다 춤을 잘 춘다.
➜ 我虽然没有你唱歌唱得好，但我跳舞比你跳得好。

(19) A : 이 자동차는 저것보다 고급인가요?
B : 이 자동차는 저것보다 고급이 아니에요.
➜ A : 这辆汽车比那辆高级吗？
B : 这辆汽车不比那辆高级。

(20) A : 당신은 그보다 회화 수준이 떨어지나요?
B : 나는 그보다 회화 수준이 떨어지지 않아요.
➜ A : 你比他的口语差吗？
B : 我不比他的口语差。

# 참고문헌

## 서적 및 사전

『成语大词典』, 商务印书馆, 2013
『辞海』, 光明日报出版社, 2014
『当代汉语词典』, 商务国际出版社, 2016
『古代汉语词典』, 商务印书馆, 2014
『古汉语常用词词典』, 商务国际出版社, 2016
『实用现代汉语语法』, 商务印书馆, 2001
『现代汉语常用词多功能字典』, 商务国际出版社, 2012
『现代汉语词典』, 商务国际出版社, 2014
『现代汉语词典』, 中国社会科学院语言研究所词典编辑室, 商务印书馆, 2012
『现代汉语小词典』, 中国社会科学院语言研究所词典编辑室, 商务印书馆, 2008
『现代汉语字典』, 外语教学与研究出版社, 2013
『汉语大词典』, 商务印书馆, 2013
『汉语动词用法词典』, 商务印书馆, 1999
『新华大字典』, 商务印书馆, 2011
『新华字典』, 商务印书馆, 2011
『中华汉语词典』, 商务国际出版社, 2016
『문법을 어떻게 가르칠 것인가』, 한국문화사, 2004
『상용 중국어 사전』, 진명출판사, 2003
『시사 중국어 사전』, 지명사, 1998
『실용중한사전』, 넥서스 CHINESE, 2007
『엣센스 실용 중한사전』, 민중서림, 2015
『엣센스 중국어 사전』, 민중서림, 2002
『엣센스 중한사전』, 민중서림, 2014
『엣센스 한중사전』, 민중서림, 2016
『엣센스 현대 중국어 회화 사전』, 민중서림, 2015
『정선 중한 · 한중 사전』, 진명출판사, 2005
『중국어 표현 사전』, 넥서스 CHINESE, 2016
『중국어 회화 사전』, 넥서스 CHINESE, 2016
『중한사전』, 고려대학교민족문화연구원, 2007
『진명 한중사전』, 진명출판사, 1998

『진명 중한사전』, 진명출판사, 1998
『포켓 중한 · 한중 사전』, 민중서림, 2013
『포켓 한중 사전』, 민중서림, 2015
『현대 중국어 허사사전』, 제이앤씨, 2016
『현대중한사전』, 고려대학교민족문화연구원, 2005

● 교재

『기초 중국어 작문』, 신아사, 2001
『관광 중국어 실무』, 시사중국어, 2016
『다락원 중국어 마스터 1』, 다락원, 2010
『드림 중국어 회화 1』, 동양북스, 2015
『맛있는 중국어 작문』, JRC 북스, 2011
『북경대학교 중국어 작문 교실』, 넥서스 CHINESE, 2003
『생생한 LIVE 중국어』, 신아사, 2014
『스마트 중국어 작문 1~2』, 동양북스, 2014
『완전 성공 중국어 1』, 시사중국어사, 2012
『전공자를 위한 중국어 통역 · 번역』, 다락원, 2016
『중국어 단어』, 한국외국어회화사, 2000
『중국어배크 북경대학 한어구어 1』, 중국어뱅크, 2009
『중국어 문법 · 작문 업그레이드』, 동양북스, 2003
『중국어 문장 바로쓰기 1~3』, 시사중국어사, 2012
『중국어 성공공략 한어구어 345구 1』, 시사중국어사, 2012
『중국어 쉬운 작문 1~2』, 다락원, 2010
『중국어 작문 교실』, 송산출판사, 2002
『중국어 작문의 급소 130』, 시사중국어사, 2000
『한국인을 위한 중국어 작문 CLINIC』, 동양북스, 2012
『한번에 통하는 스타트 중국어』, 형설출판사, 2015